LIOTHÈQUE DE LA PAIX
PUBLIÉE PAR LES SOINS DE LA
LIGUE INTERNATIONALE ET PERMANENTE DE LA PAIX

SIXIÈME LIVRAISON

LA
GUERRE S'EN VA

PAR

L. A. BEAUDEMOULIN

INGÉNIEUR EN CHEF DES PONTS ET CHAUSSÉES EN RETRAITE

*L'industrie que la guerre a si
souvent mise à l'agonie finira
par tuer la guerre.*

Ainsi soit-il.

QUATRIÈME ÉDITION

PRIX : 50 CENTIMES

PARIS

PICHON-LAMY ET DEWEZ
ÉDITEURS DE LA BIBLIOTHÈQUE DE LA PAIX
15, RUE CUJAS
GUILLAUMIN ET Cⁱᵉ 14, RUE RICHELIEU
SECRÉTARIAT, RUE CUJAS, 15
Tous droits réservés.

La Ligue internationale de la Paix a été constituée le
mai 1867 par la DÉCLARATION suivante :

« Les soussignés, unis dans de mêmes sentiments de p
voyance, de justice et d'humanité ;

Considérant que la guerre et les animosités récipro
qu'elle engendre sont en contradiction même avec toutes
tendances de civilisation, et spécialement avec cet irré
tible mouvement qui, de plus en plus, rapproche les homm
par le travail ;

Convaincus que le véritable patriotisme, à mesure qu'il
mieux sentir aux diverses nations le prix de leur pro
indépendance, leur impose plus visiblement le devoir de s'a
tenir de toute atteinte et de toute menace à l'indépenda
des autres nations ;

Déclarant prendre ensemble la résolution de défendre et
propager, selon leurs forces, ces grands principes de resp
mutuel qui doivent être désormais la charte commune
genre humain ;

Et dans cette intention ils se constituent, dès aujourd'hui,
Comité pour la formation d'une *ligue internationale et perm
nente de la paix* ;

Ils font avec confiance, pour le développement et le suc
de cette œuvre, appel au concours de tous les hommes
bonne volonté de tous les pays. »

ALTGELD, conseiller intime de
régence à Dusseldorff (Prusse).
ARLÈS-DUFOUR, *vice-président.*
Cesare CANTU, ancien député au
Parlement italien.
Michel CHEVALIER, sénateur
membre de l'Institut, etc.
vice-président.
Auguste COUVREUR, membre de
la chambre des Représentants
de Belgique, rédacteur de l'*In
dépendance belge.*
Jean DOLLFUS, ancien maire de
Mulhouse, *vice-président.*
Joseph GARNIER, rédacteur en
chef du *Journal des écono
mistes*, professeur à l'École im-
périale des ponts-et-chaussées,
secrétaire du Congrès de la Paix,
en 1849.
A. GRATRY, prêtre de l'Oratoire,
membre de l'Académie fran-
çaise.
ISIDOR, grand rabbin du Consis-
toire central Israélite.
Baron Justus de LIEBIG, de Mu-
nich, *vice-président.*

NOTTELLE, commerçant.
PAILLOTTET, ancien vice-présid
du Conseil des prudhommes.
Martin PASCHOUD, pasteur de l
glise réformée de Paris.
J. M. PASTOR, sénateur, anc
ministre des finances, présid
de l'Association espagnole po
la réforme douanière, etc., *v
président*
Frédéric PASSY, *secrétaire-génér*
Charles SUMNER, membre du Sé
des États-Unis, à Boston, *vi
président.*
Docteur de VARRENTRAPP,
Francfort.
Auguste VISSCHERS, membre
Conseil des mines de Belgiqu
président du Congrès
Bruxelles en 1848, vice-préside
du Congrès de Paris en 18
etc., *vice-président.*

*Voir à la fin la Circulaire
du Comité.*

LA

GUERRE S'EN VA

C.

BIBLIOTHÈQUE DE LA PAIX

PUBLIÉE PAR LES SOINS DE LA

LIGUE INTERNATIONALE ET PERMANENTE DE LA PAIX

SIXIÈME LIVRAISON

LA

GUERRE S'EN VA

PAR

L.-A. BEAUDEMOULIN

INGÉNIEUR EN CHEF DES PONTS ET CHAUSSÉES EN RETRAITE

> L'industrie que la guerre a si
> souvent mise à l'agonie finira
> par tuer la guerre.
>
> Ainsi-soit-il.

QUATRIÈME ÉDITION

PRIX : 50 CENTIMES

PARIS

PICHON-LAMY ET DEWEZ

ÉDITEURS DE LA BIBLIOTHÈQUE DE LA PAIX

15, RUE CUJAS

GUILLAUMIN ET Cie 14, RUE RICHELIEU

SECRÉTARIAT, RUE CUJAS, 15

AVERTISSEMENT

Le Comité de la *Ligue internationale et permanente de la Paix* a fait connaître, en commençant la *Bibliothèque* spéciale, dont il a pris l'initiative, dans quel esprit il entreprenait cette œuvre importante. Il a déclaré qu'il n'admettrait à y figurer « que des travaux sérieux, exempts de toute violence et de toute animosité politique ou religieuse, et sincèrement consacrés à l'étude de quelqu'une des faces de la grande question dont il poursuit la solution. » Mais il a déclaré en même temps qu'il laisserait, autant que possible, aux écrivains dont il accepterait le concours, la liberté comme la responsabilité de leurs appréciations, et qu'en conséquence, « il n'entendait pas donner leurs publications, dans tous leurs détails, comme l'expression rigoureuse de ses propres idées... Il suffit, ajoutait-il, que, par leur esprit général, les différentes parties de la *Bibliothèque de la Paix* concourent au même but ; qu'elles ne tendent manifestement qu'à éclairer et à instruire ; qu'elles soient, en un mot, sous une forme ou sous une autre, des œuvres de bonne foi et des œuvres de paix. »

Le Comité croit devoir, d'accord avec l'auteur, reproduire ces déclarations en tête de ce volume. Bon nombre de personnes, — M. Beaudemoulin le sait mieux que qui que ce soit, — dominées par une invincible répugnance pour les tristes détails dont il a cru devoir s'occuper, voudraient voir à jamais enseveli dans le silence tout ce qui, de près ou de loin, ressemble à un éloge de la moderne puissance de l'art de détruire. Elles craignent qu'il n'y ait là, pour les esprits inattentifs, comme une glorification des horribles « merveilles » devant lesquelles se révolte leur conscience; et ce n'est pas, disent-elles, à des hommes de paix qu'il convient de prêter une attention complaisante à l'énumération des œuvres de la guerre. Mais d'autres, on le sait aussi, estiment qu'il n'est pas bon de céder si facilement aux résistances de la sensibilité émue, et que, lorsque le mal existe, il faut savoir regarder le mal en face. Que la puissance de détruire croisse avec la puissance de produire, disent ces personnes, c'est un fait incontestable; et il ne servirait de rien de se boucher les yeux pour ne pas le voir. Mieux vaut, en vérité, essayer d'en mesurer la portée et d'en prévoir les conséquences.

Ainsi a pensé M. Beaudemoulin, et ainsi a-t-il fait. Dans quelle mesure, dans quel temps, au prix de quelles expériences l'avenir donnera-t-il raison à ses conclusions? Nous ne nous sentons pas, quant à nous, suffisam-

ment qualifiés pour le préjuger. Ce que nous
savons, c'est qu'il y a là, tout au moins, un
sujet important de réflexion et d'étude, et qu'il
nous paraît bon de le signaler à l'attention.
Quand un homme, comme nous pénétré de
l'horreur de la guerre qu'il a vue à l'œuvre,
vient, avec toute l'autorité d'une compétence
spéciale, affirmer que, par un de ses côtés au
moins, le problème est aux trois quarts résolu;
quand, après de longues et persévérantes ré-
flexions, il croit être arrivé à la certitude et à
l'évidence; et que, pour toute récompense de
ses efforts, il ne nous demande autre chose
que d'accepter le concours de son zèle et de
lui ouvrir pour notre part l'oreille des ennemis de la guerre; c'est un devoir, à ce qu'il
nous semble, de nous prêter avec empresse-
ment à ce désir et d'accepter avec gratitude
cette coopération. C'est ce que nous faisons
ici; heureux, si le travail de M. Beaudemoulin est contesté, de contribuer à éveiller la discussion sur un point de telle importance; plus

heureux si, vaincus par la puissance des con-
sidérations et des arguments, les amateurs de
coups de canon se prennent à réfléchir un peu
plus qu'ils n'ont, jusqu'à ce jour, accoutumé
de le faire; et si, grâce à la salutaire terreur
qu'il est grand temps qu'elle inspire à tous, —
à commencer par ceux qui la font, — la
guerre se décide enfin à s'en aller comme
nous le souhaitons tous.

FRÉDÉRIC PASSY.

1.

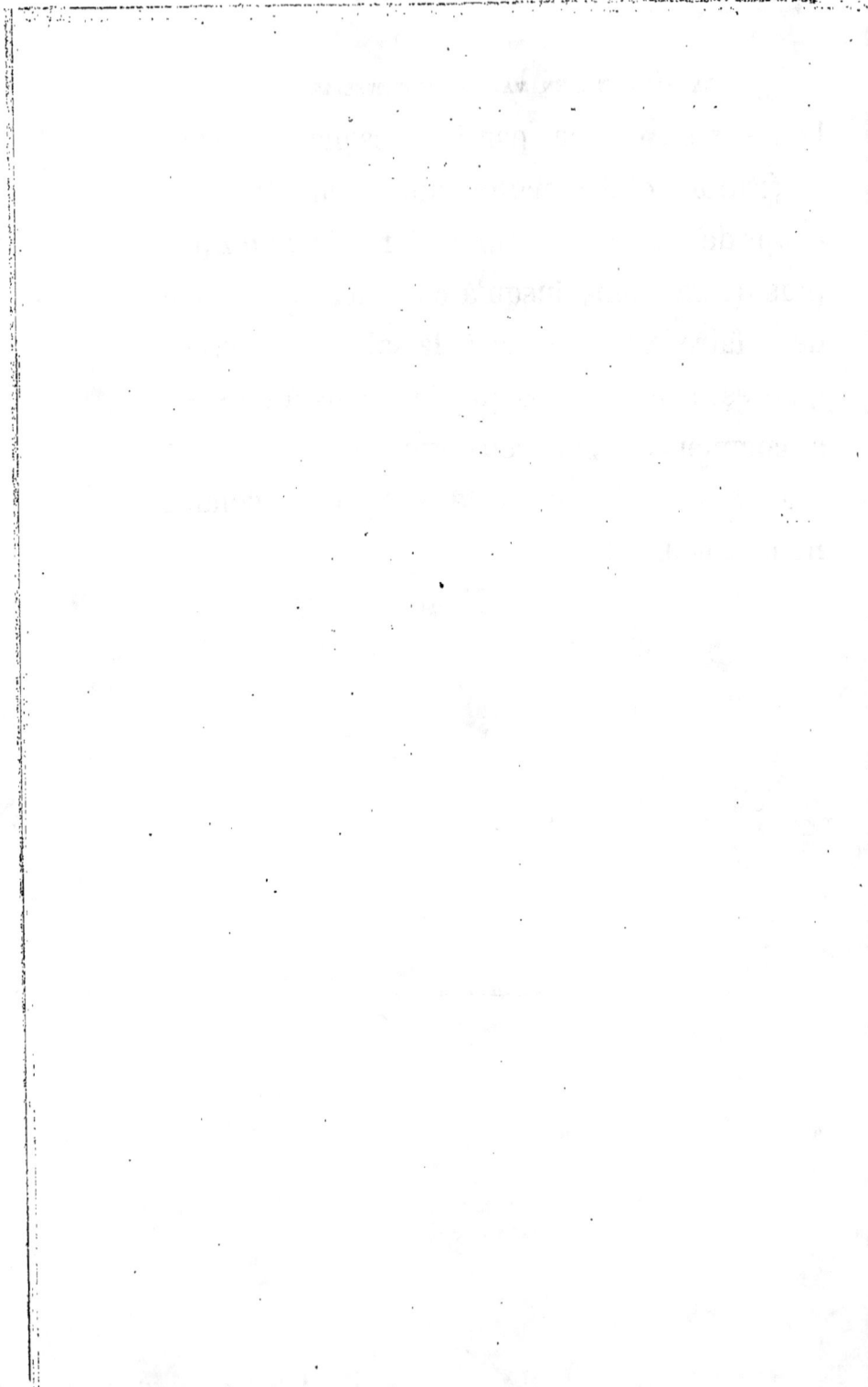

LA GUERRE S'EN VA

INTRODUCTION

La Guerre ! « *puisqu'il faut l'appeler par son nom,* » est un fléau qui semble endémique à la race humaine.

Elle figure dans cette trilogie de calamités inscrite, *depuis des siècles,* sur la façade de la *maison du roi,* à Bruxelles.

A PESTE,

FAME ET BELLO LIBERA NOS,

MARIA PACIS,

L'horreur de la guerre, les invocations à la paix remontent aux siècles les plus reculés, et, chose bizarre ! *la guerre* et *la paix* ont eu leurs temples, leurs apôtres, leurs martyrs.

Les hommes religieux, les philosophes, les sages de tous les temps, de tous les pays, ont flétri la guerre au nom de la religion, de la morale, de la fraternité universelle ; — l'Église catholique compte parmi ses martyrs des *tribuns militaires*, scellant de leur sang l'abjuration de leur profession guerrière et leur foi chrétienne en un *Dieu de paix*.

Mais, dès les premiers âges, les diverses peuplades, réunies sous des chefs, dont les principaux titres au commandement étaient la force et l'énergie, avaient ajouté aux passions mauvaises de ceux-ci, comme l'orgueil, l'ambition, etc., cette soif de pillage et de destruction, qui se développe si vite dans les multitudes : — la guerre avait surgi avec tout son cortége de maux et de fureurs insensées.

En s'abandonnant à ses horribles excès, les hommes n'ont cependant pas abjuré tout sentiment religieux, ils ont même, *tant ils trouvaient leur conscience chargée*, essayé de faire remonter jusqu'à l'*Éternel*, la responsabilité de leurs actes : — ils ont osé lui donner la qualification de *Dieu des armées !*

Un savant rabbin, profondément versé dans la connaissance de la BIBLE, a énergiquement protesté, devant l'assemblée générale de la Ligue de la paix, contre cette odieuse qualification : — il a porté *le défi* qu'on pût lui montrer un seul passage où elle fût employée.

Il a cependant reconnu : « — qu'une seule fois, » dans la Bible, le nom de Dieu est associé à la » guerre; une seule fois il y est appelé, non pas » le Dieu des armées, mais l'*Homme de la guerre.* » C'est à l'occasion d'un terrible châtiment infligé » à un grand tyran; — à l'occasion d'un peuple » dont Dieu venait de briser les fers. »

Toutes les sympathies pour cette protestation ne peuvent faire méconnaître que la malheureuse qualification n'ait jeté de profondes racines dans l'esprit des hommes : — il est devenu presqu'impossible de l'en extirper. — Il en est de même pour une foule de préjugés, mis en proverbes et réputés la *sagesse des nations,* comme : — la *guerre est un mal nécessaire :* — la *saignée est utile aux peuples, aussi bien qu'aux individus,* etc.

Ces préjugés invétérés présentent un contraste étrange, non pas seulement avec les préceptes de la morale religieuse et humanitaire, mais surtout avec la vénération attachée à la mémoire des sages de tous les temps, de tous les pays; qui ont été les organes de ces préceptes :

L'*excellence* des principes est généralement reconnue : — Quelle peut être la cause de leur impuissance trop prolongée dans la grande question de la *paix universelle ?*

Cette cause, je la crois *unique :* c'est un instinct inhérent à la nature humaine ; — très-voisin de l'égoïsme et pourtant supérieur à l'instinct même de la conservation : — cette cause, c'est la VANITÉ.

Elle est la source de tous les vices, souvent des crimes ; mais aussi, parfois, celle de ces actions héroïques, qui arrachent l'admiration.

Elle pousse les individus, même dans la situation la plus humble, à se *chamailler* à qui mieux mieux, pour devenir et surtout pour *paraître* supérieurs aux autres : — elle grandit avec les positions personnelles ; elle produit l'*arrogance* chez les dépositaires de la plus mince parcelle du pouvoir ; — et l'infatuation chez ceux qui le possèdent tout entier.

Pour ceux-là, — ils se trouvent à l'étroit dans le monde. — La *fraternité universelle* n'est, à leurs yeux, qu'un mot vide de sens ; — leur rêve est celui de la monarchie *universelle ;* — pour le réaliser, ils foulent aux pieds toute considération divine et humaine ; — ils troublent profondément les peuples ; — ils entassent ruines sur ruines ; — ils veulent, *à tout prix,* conquérir ce titre de GRAND, que la stupidité des hommes, décerne trop souvent à ces fléaux de l'humanité.

Puis, cette grande loi physique de la réaction, qu'on peut appeler providentielle, les précipite du faîte ; — et tout redevient comme devant ; — *in statu quo ante bellum.....* sauf les *ruines,* sauf les *larmes des mères,* sauf les *calamités* de toute espèce, dont les traces sont si longues à effacer.

La GUERRE est, pour la plupart des hommes, une nécessité fatale.

Mais cette prétendue fatalité serait un *blasphème* contre le Créateur : — Mon cœur et mon esprit ne peuvent l'admettre ; aussi me suis-je efforcé de faire pénétrer à travers des ténèbres archi-séculaires, cette grande lumière : la *Guerre s'en va.*

Son heure est venue ! — Non pas seulement par l'amélioration morale, — non par la volonté de ceux qui gouvernent ; — mais par l'intervention d'une puissance terrestre, qui grandit chaque jour ; — qui domine toutes les autres, même à leur insu ; — qui vient de s'affirmer avec tant d'éclat à *l'Exposition universelle.*

Cette puissance, c'est L'INDUSTRIE !

L'homme, placé sur la terre avec des forces physiques relativement faibles, avec des *besoins de chaque jour,* a trouvé dans son INTELLIGENCE les moyens, soit de défendre son existence, soit

de l'assurer par son travail. — Il était de *chair !*
— Il à dompté les animaux *carnivores,* bien plus
forts que lui ; — il a *domestiqué* les autres pour
son utilité ou même sa nourriture propre.

Sa force physique est restée et restera toujours
ce que la nature l'a faite. Mais son intelligence,
ce don précieux, cette flamme divine a grandi et
s'est développée d'âge en âge, à ce point que, pour
les choses purement utilitaires, nul ne pourrait
lui dire : *Tu n'iras pas plus loin.* Cette intelligence, appliquée aux choses de la vie *matérielle,*
a fait naître l'*industrie.*

Les outils, les armes, etc., etc., que produit
celle-ci, ont un *but fixe,* des formes précises et
arrêtées. Ils sont promptement *vulgarisés,* parce
que tout le monde *en a besoin.* Ces engins, em-
ployés chaque jour, transmis de main en main,
sont perfectionnés suivant les besoins qu'indique
la pratique ; mais ils ne peuvent jamais RÉTRO-
GRADER, car ils portent avec eux leurs preuves
indiscutables, et nul ne peut vouloir reprendre
un outil ancien, s'il en a sous la main un autre
qui fasse mieux et plus vite.

Donc, le *progrès* est la condition nécessaire,
absolue de l'industrie pour la production des
choses utiles à la vie matérielle. — Il n'en est pas
de même quant aux applications de l'intelligence

aux œuvres immatérielles, à celles de l'imagination ; pour celles-là, l'abus vient trop souvent vicier l'usage.

L'imagination, *cette folle du logis*, si *friande* du bruit, lance et suit tour à tour les divers courants de l'opinion et même de la mode; puis, les vanités individuelles, cette *lèpre de l'humanité*, embrouillent tout, remettent chaque jour tout en question.

Ainsi, dans le monde de la philosophie, de la religion, de la politique, combien de controverses interminables! combien de questions soulevées, et des pires! que de constitutions, de gouvernements! Comment sort-on de cette *tour de* BABEL, qu'élèvent sans cesse les RHÉTEURS?

Par la *force brutale*, cette suprême raison des insensés!

Dans le monde artistique, le plus inoffensif sans doute, que voyons-nous encore? Des *vanités*, toujours des vanités, s'efforçant de se supplanter les unes les autres ; puis d'autres, mieux avisées, se groupant, se faisant la courte échelle, pour faire arriver *elles et leurs amies*.

Le goût public se pervertit au milieu de tous ces cliquetis d'amour-propre; il se laisse aller aux caprices de la mode.

Au *théâtre*, la tragédie, ce débris imposant des

siècles passés, ne trouve plus de spectateurs.

En *peinture*, les *Boucher*, les *Watteau*, relégués naguère dans les greniers, comme *rococo*, reparaissent avec éclat dans les galeries.

Il n'y a rien de STABLE, de POSITIVEMENT VRAI dans l'application de l'*intelligence* aux œuvres qui n'ont pas pour but l'utilité générale.

L'*imagination*, sans doute, a, pour le petit nombre des hommes éclairés, des charmes particuliers, qui séduisent le cœur et l'esprit ; — elle tend à les rendre meilleurs, tant qu'elle reste enfermée dans les limites de ce qui est bon et utile.

Mais elle a ses écarts, souvent bien pernicieux, quand elle veut s'élancer au-delà des sphères naturelles, aborder des problèmes inconnus ; elle trouve alors écrite par la main de la Providence, cette ligne fatale : *Tu n'iras pas plus loin!* Elle retombe dans le trouble et la confusion ; elle arrive à la *décadence :* l'histoire nous montre celle-ci dans les ESPRITS, bien plus que dans les ÉVÉNEMENTS.

L'*industrie* seule s'avance d'un pas ferme et sûr : chaque progrès est pour elle le marchepied d'un progrès futur ; elle tend à devenir **la reine du monde!**

Elle a vu les hommes, en défiance perpétuelle toujours prêts à se ruer les uns contre les autres ;

elle leur a dit de sa grande voix : Vos chamaille-
ries continuelles m'importunent; elles me troublent dans mes opérations. Vous voulez encore
vous déchirer les uns les autres : — Eh bien ! voici
des armes nouvelles; avec elles, vous pourrez
vous entre-tuer, si tel est votre bon plaisir; mais
vous ne pourrez plus vous vaincre, vous ne pourrez plus vous envahir !

Puis elle leur a donné le fusil chassepot ; puis,
tant d'autres engins supérieurs encore, augmen-
tant chaque jour en nombre et en puissance. Avec
eux, les facultés physiques de l'homme, sa force,
sa vitesse et même son courage n'ont plus aucune
valeur. L'influence du nombre ; celle des masses
présentées en ligne ; celle des charges à l'arme
blanche de la cavalerie et de l'infanterie ; tout
cela se trouve réduit à *néant*.

Ces faits, constatés par de nombreuses expériences, ont été pour moi comme une révélation
de cette grande vérité : *la guerre s'en va*.

Ceux que préoccupent leur tranquillité personnelle, leur succès en cette vie périssable, se gar-
dent bien de lâcher une pareille vérité, quand ils
la tiennent ; ils suivent l'avis de *Fontenelle*. Mais
celui qui n'a d'autre souci que le bonheur de ses
semblables, ouvre la main : — *advienne que
pourra*.

Toute idée nouvelle excite une répulsion *instinctive,* une sensation pénible : c'est comme une lumière subite, qui offusque et fait clignoter les yeux faibles ; il leur faut du temps, souvent beaucoup, avant qu'ils ne puissent s'y habituer et recouvrer la faculté de voir nettement.

Peut–être en sera-t-il de même pour les arguments que je vais présenter ; mais mon but est l'utilité générale ; il me domine et me pousse à l'accomplissement d'un devoir.

Ma grande thèse : *la guerre s'en va,* s'appuie sur l'énorme supériorité prise par les armes modernes, et conséquemment par LA DÉFENSE sur L'ATTAQUE. Un exemple fort simple peut en donner un aperçu :

Qu'on enferme dans un cirque cent hommes *sans armes* et un lion : qu'adviendra-t-il des premiers ?

Qu'on les remplace par un seul homme, muni d'une arme et la connaissant bien : il avance, ajuste et tue la bête féroce. — Donc une seule arme peut être un auxiliaire bien autrement puissant que cent hommes désarmés.

J'ai voulu préparer ici le lecteur aux arguments qui seront développés dans mon opuscule ; il y trouvera le détail d'expériences nombreuses et concluantes.

Mais, il en est une *suprême* sur laquelle tous

les yeux sont anxieusement fixés, comme sur une épée de Damoclès. C'est celle du champ de bataille... Osera-t-on la tenter? — Nul ne saurait, hélas! assigner des limites à la folie humaine.

En supposant que cette expérience ait lieu, elle donnera la démonstration *brutale* de ce fait que l'attaque doit succomber, de quelque côté qu'elle se produise. Ma conscience d'homme et de citoyen m'a poussé à en donner une démonstration *logique — à priori,* — afin de prévenir, s'il était possible, les horribles conséquences de celle qui n'est que *brutale... bestiale* même! puisque son absurdité est prouvée.

Au reste, la funeste expérience paraît encore éloignée : « Je crois que la paix durera longtemps encore, » a dit notre ministre de la guerre. (*Corps législatif, 7 juillet 1868. — Moniteur*). Les souverains prodiguent les assurances pacifiques tout en poussant *à outrance* les armements : ils savent, mieux que personne, par les rapports de leurs camps d'exercice, combien une attaque inconsidérée serait compromettante pour leur prestige... et pour ce qui s'ensuit.

Mais la VANITÉ, cette source féconde des sottises, les excite à prendre et à faire prendre à leurs peuples ces allures de *matamore,* qui ne sont pas toujours celles du vrai courage.

« La paix durera longtemps encore. » Et le
même ministre, qui a dit cela le 7 juillet 1868,
avait dit le 31 décembre 1867 *(Moniteur)* : « Les
» peuples se ruinent en armements, cela ne peut
» pas durer longtemps. »

Il y a donc incertitude *quant à la durée;*
mais il y a certitude trop complète, quant à la
RUINE.

Les ARMEMENTS, poussés à un degré que je ne
veux pas qualifier, RUINENT les sympathies, la
confiance entre les peuples, puis leurs relations
de commerce et de bon voisinage.

Ils RUINENT à l'intérieur la confiance, les affections pour le pouvoir, les affaires publiques ou
privées, l'agriculture, le commerce, l'industrie,
auxquels ils enlèvent les plus robustes travailleurs; ils RUINENT ou *froissent* les sentiments de
la famille, ceux de la morale; ils *ruinent* la *race*
elle-même, en rendant improductifs ses éléments
les plus vigoureux; puis enfin le bien-être général par toutes ces calamités auxquelles s'ajoute
l'aggravation des impôts.

Au milieu de toutes ces RUINES, il faudrait dé-
sespérer du bon sens public, s'il ne s'élevait pas
des protestations nombreuses, éloquentes, énergiques, pour faire prévaloir cette vérité si connue
déjà, que *la paix armée* est une cause de *ma-*

rasme, de décomposition latente et prolongée, dont les effets sont pires encore que ceux d'une guerre déclarée.

Puis, cette autre vérité, bien moins répandue, qui est de beaucoup l'argument le plus décisif en faveur de la *paix universelle,* que la GUERRE devient IMPOSSIBLE par le progrès *énorme,* INCESSANT des armes modernes.

Quand ces vérités seront vulgarisées, les *armements poussés à outrance* apparaîtront à tous les yeux comme une *absurdité* qui fera honte à notre siècle, de même que les entraînements aveugles de nos ancêtres, dans les grandes guerres de races, de religions, etc., sont la honte des siècles passés.

L'opuscule qu'on va lire aborde certaines questions qui touchent à l'art militaire.

Or, l'esprit militaire est exclusif, comme tout esprit de corps; il n'admet d'aptitude à raisonner sur les choses de la guerre que chez les écrivains, dont elle *est* ou *a été* le métier.

Je dois dire que je n'y suis pas resté étranger : j'en avais appris la théorie à l'*école polytechnique;* — j'ai pu en étudier la pratique, sans prendre les préventions que donne un long exercice, en servant comme lieutenant *auxiliaire* du génie, pendant les tristes, mais très-actives an-nées 1814 et 1815.

Mes opinions peuvent donc être controversées, mais non pas repoussées sans examen pour cause d'*incompétence.*

LA

GUERRE S'EN VA

L'industrie, que la guerre a si souvent
mise à l'agonie, finira par tuer la guerre.

Ainsi soit-il

———◆———

TROISIÈME ÉDITION

revue et augmentée.

J'ai publié, en novembre 1867 et janvier 1868,
deux brochures offertes par moi à la Ligue internationale de la paix, sous le titre : *La guerre s'en va*.

Elles avaient été précédées en mai 1867, par une
autre : *Actualités militaires et politiques* (chez *Dentu*,
libraire, Palais-Royal).

Le but, que je me suis proposé dans ces opus-
cules, est la *démonstration* (j'insiste sur le mot)
de l'*impossibilité* prochaine de la guerre entre les
peuples civilisés au même degré.

Tout en conservant un profond respect pour les

2

doctrines religieuses, morales et humanitaires, qui
flétrissent cette folie, vieille comme le monde, cette
plaie hideuse, appelée *la guerre*, j'ai voulu constater qu'elle devait *fatalement* et *prochainement*
disparaître par des causes purement *physiques*. Les
faits *matériels*, que je cite, et les déductions qui en
sont les conséquences naturelles, porteront sans
doute la lumière dans les esprits, pour lesquels la
logique n'est pas un vain mot.

Mon argument principal est le progrès incessant,
énorme depuis quelques années, obtenu par l'industrie
dans l'invention et la composition des engins de
destruction.

Des expériences nouvelles sont faites par les partisans de la guerre : elles sont entièrement favor-
ables à ma grande conclusion, *la guerre s'en va*. —
Il faut en parler encore, il faut, comme je l'ai dit
ailleurs, frapper le clou, le frapper sans cesse, si
l'on veut qu'il perce enfin la croûte épaisse des préjugés.

Je crois utile de récapituler ici les éléments principaux de mes précédentes brochures, afin d'en
faire mieux comprendre l'ensemble et la liaison.

ACTUALITÉS MILITAIRES ET POLITIQUES.

Cette brochure est la reproduction amplifiée d'une
note manuscrite, mais *anonyme*, que j'avais adres-
sée en *haut lieu*, le 20 juillet 1866.

L'influence étonnante de la rapidité nouvelle,

prise par le tir, venait alors de se révéler par les premiers succès de la Prusse. — Je disais dans ma note : « Cette rapidité paralyse et la masse et la » vitesse des assaillants; — les charges à l'arme » blanche de la cavalerie et de l'infanterie, qui ja- » dis décidaient la victoire, et dans de larges pro- » portions, deviennent impossibles : — hommes et » chevaux, seraient couchés à terre avant d'attein- » dre l'ennemi, — on n'aura plus que des tueries » d'hommes sans grands résultats. »

Cette opinion s'est trouvée largement justifiée par des expériences faites au camp de Châlons, *un mois après l'envoi de ma note.*

Le journal le *Pays*, du 20 août 1866, a rendu compte de celles-ci :

Une charge *simulée* de cent guides contre quatre-vingts chasseurs de la garde; armés du fusil *Chasse-pot,* alors essayé pour la première fois *en grand,* a donné les résultats suivants :

Distance entre les fantassins et la *cible* figurant 'escadron. . . . . 400 ᵐ

Durée de la charge, *trente-deux secondes.*   32 "

Rapidité du tir, sept à huit balles par mi-nute.

Nombre de balles lancées pendant la charge. 326

Nombre de balles logées dans la *cible* . 159

Ainsi, les cent cavaliers auraient succombé, en trente-deux secondes, avant d'atteindre l'infanterie, s'ils avaient chargé un corps ennemi.

Une objection peut être faite sur la différence de précision entre le tir d'exercice et celui du champ de bataille : — La réponse COMPLÈTE sera donnée plus loin à l'article : *Tir à la cible* ou *devant l'ennemi* (page 65).

Fortification ambulante. — Au 20 juillet 1866, date de ma note manuscrite, il était temps encore d'intervenir dans la grande lutte *austro-prussienne;* — mais il fallait agir sans retard.

L'infériorité de notre armement était un obstacle fort grave, car nous n'avions alors qu'un bien petit nombre de fusils *Chassepot.*

J'indiquais dans ma note un moyen fort simple et surtout *immédiat* de parer à cette infériorité.

C'était l'emploi des matelas militaires, pour en former des remparts mobiles marchant devant notre infanterie; — c'était l'organisation de la *fortification ambulante,* fort dédaignée peut-être, mais qui sera comprise un jour.

La résistance à la balle d'un matelas, et même d'une simple couverture flottante, est bien connue : — j'indiquais dans *ma note* le matelas, parce qu'on l'avait *sous la main,* dans les magasins militaires, et qu'il fallait agir de suite, si la France voulait prévenir cette *prépondérance,* à laquelle aspirait une puissance limitrophe.

Lors de la publication, en avril 1867, des *Actualités militaires et politiques,* le temps d'agir était passé et j'ai pu développer cette *idée* de la *fortification ambulante.*

J'ai dit comment on pouvait parer à l'objection la plus grave, celle de l'encombrement et des embarras du transport des matelas, en remplaçant ceux-ci par de simples toiles ou même des filets qu'on garnirait aux approches du champ de bataille avec des feuilles d'arbre, des plantes souples, etc., etc.

La *fortification ambulante*, toujours fort utile à la défense, pourra profiter aussi, mais *beaucoup moins* à l'attaque, laquelle doit, en définitive, se *découvrir* pour affronter, à bout portant, des fusils tirant par minute, *dix* coups maintenant *cent* peut-être avant peu, par le progrès *incessant* des armes, comme on le verra plus loin. (Voir à la fin la note A.)

Paix armée. — La France, comme le reste de l'Europe, a placidement assisté au grand changement dans l'équilibre européen, par suite duquel la *Prusse*, notre voisine la plus proche, a conquis dix-neuf millions du sujets nouveaux.

Le but de cette quiétude était louable, assurément, s'il était, comme certains journaux l'ont affirmé, celui de s'isoler du conflit et de sauvegarder au moins la *paix générale*.

Mais voici que ce maintien n'est plus possible, à moins d'imposer à toutes les nations, le fardeau intolérable et *permanent* d'un armement universel !

En sondant ce gouffre de misères vers lequel les peuples sont entraînés par une tendance belliqueuse devenue générale, je me suis demandé : si elle avait sa raison d'être, — s'il n'y avait pas dans la situation plus d'entraînement, de vertige même que de danger réel; — si le progrès énorme accompli par l'*industrie* dans la composition des instruments de carnage, n'était pas précisément un *remède providentiel* contre cette manie furieuse qui pousse les peuples à *se ruiner* d'abord, puis à se déchirer les uns les autres (1).

Conséquences du grand progrès des armes. — Ce fait, tout nouveau, de la rapidité, de la longue portée, de la précision prises par les armes à feu, a été pour moi comme une *révélation* : — j'ai été poussé à la vulgariser par ma conscience d'homme et de citoyen, sans la moindre préoccupation personnelle, car je n'ai attaché mon nom, ni à ma première note manuscrite, ni à ma première brochure, *Actualités militaires et politiques;* je l'ai seulement

(1) Dans un ouvrage fort remarquable : *Les guerres contemporaines*, qui fait partie de la *Bibliothèque de la paix*, M. Paul Leroy-Beaulieu, lauréat de l'Institut, a présenté des recherches statistiques sur les pertes d'hommes et de capitaux qu'ont faites les nations CIVILISÉES pendant les guerres de 1853 à 1866.

Le résumé de ces recherches détaillées et consciencieuses porte, pour ces quatorze années :

1 *million* 743,491 *hommes* tués,

47 *milliards* 830 millions de *francs* dépensés.

Ce ne sont là que les conséquences immédiates et constatées de ces guerres ; s'il fallait porter en compte les pertes de l'agriculture, du commerce, de l'industrie, etc., le total deviendrait *effroyable*, au point qu'il n'est pas même possible de le calculer avec exactitude.

appliqué aux suivantes, *la Guerre s'en va*, parce que j'avais à réfuter des écrits *signés*.

« Qu'arrivera-t-il, ai-je dit, dans les *Actualités*,
» quand tous les peuples seront pourvus d'armes à
» peu près égales ?

» Deux corps ennemis sont en présence : égaux
» en nombre, égaux en armes rapides, ils se fusil-
» leront jusqu'au dernier homme, sans pouvoir
» avancer. — Celui qui cesserait le feu pour courir
» à l'ennemi, se donnerait aussitôt un désavan-
» tage énorme et succomberait nécessairement. »

Les premières expériences faites en 1866 au camp de Châlons (*largement* confirmées par celles de l'année suivante) ont constaté l'impossibilité physique des charges à l'*arme blanche* contre infan-terie *faisant feu*.

D'après cela, le moindre abri ou retranchement qu'on enlevait jadis au pas de course, est devenu inexpugnable ; — chacun de ses défenseurs, cou-vert pour les neuf dixièmes de son corps, tirant avec la justesse que donne la confiance, à raison de huit coups par minute, vaudra seul et *par mi-nute, qu'on y pense bien*, neuf assaillants tirant à découvert sur lui et *soixante-douze* (8 multiplié par 9) quand ceux-ci cesseront le feu pour courir à la charge (1).

---

(1) Quelques explications sont nécessaires pour faire bien comprendre comment ce nombre 72 n'a rien d'exagéré et n'est pas même un *maximum*.

La rapidité du tir est impuissante contre un retranchement : de là m'est venue cette idée nette et précise de la *fortification ambulante*, dont j'ai parlé plus haut et qui s'imposera bientôt comme une *nécessité*. J'ai montré qu'avec elle on pouvait impro-

Un soldat debout, peut être divisé par la pensée en dix tranches *vulnérables ;* il est mis hors de combat, quand l'une d'elles est atteinte.

L'attaque doit passer par trois phases distinctes :

1° *Décharge générale* pendant laquelle l'assaillant *découvert* expose dix tranches vulnérables et le défenseur *abrité* une seule, — différence neuf ;

2° *Course prolongée* de 15 à 20 minutes, pendant laquelle chaque assaillant, *ne pouvant tirer,* expose les dix parties vulnérables de son corps à huit balles lancées par minute, — donc quatre-vingts chances, *par minute,* d'être mis hors de combat ; — *aucune* contre le défenseur ;

3° *Abordage à la baïonnette,* s'il était possible qu'il restât encore des assaillants : — dix chances contre une, soit neuf multiplié par le nombre de balles que peut lancer le défenseur, dans cette minute suprême, presqu'à bout portant, sans avoir besoin d'ajuster.

Or le fusil Chassepot peut tirer *dix-sept* coups par minute, à charge précipitée (*Moniteur du soir*, 2 mars 1868) ; — donc les chances contre l'attaque sont de 9 multiplié par 17, soit 153 : — donc il faudrait que les assaillants, après avoir essuyé pendant 20 minutes un feu de 8 balles à la minute, fussent encore 153 contre un, pour avoir chance *d'emporter* le moindre abri, mur ou tranchée défendus.

Je parlerai plus loin d'armes, bien connues déjà, tout autrement rapides que le fusil Chassepot, et qui peuvent tirer jusqu'à *cent six* coups à la minute ; — mais je me borne à justifier le *facteur* 9, qui sera reproduit dans d'autres calculs.

Les détails précédents montrent avec quel soin mes assertions sont étudiées et même calculées ; — ils doivent préparer le lecteur à examiner sérieusement avant de les rejeter, celles qui lui paraîtraient de prime-abord, contraires aux idées reçues.

viser un rempart, même contre le canon, en réunissant tous les matelas d'un régiment pour l'abriter derrière.

Artillerie. — Les partisans de la guerre se tour-
neront vers l'artillerie, qui, elle aussi, a fait de très
grands progrès.

Elle peut sans doute préparer la victoire en faisant de larges trouées dans les rangs ennemis,
mais elle ne peut la remporter seule et sans les
charges générales à l'arme blanche de la cavalerie
et de l'infanterie ; — de même que dans un siége,
le canon fait la *brêche* et ne peut monter *à l'assaut.*

Or, les charges à l'arme blanche sont devenues
positivement impossibles : cela était démontré déjà
et par la force du raisonnement, et par les expériences de 1866 au camp de Châlons ; — celles de
1867, mieux étudiées et comprises, ont une évidence bien autrement décisive encore.

Cette impossibilité conduit nécessairement à celle
de ranger les soldats en ligne de bataille et par masses, à moins qu'ils ne soient couverts par position
ou par retranchement. — Deux troupes ennemies,
en présence, se fusilleraient, *s'extermineraient*, suivant une *expression* du *Moniteur*, 29 août 1867, sans
autre résultat décisif qu'une grande tuerie d'hommes.

Si l'artillerie n'a plus pour but des lignes de bataille massées et découvertes, son rôle va se trouver fort amoindri : — elle est plutôt un *épouvantail*
qu'un instrument de carnage. « Sur *dix* soldats tués

» dans une bataille, neuf le sont par le fusil, » a dit
S. Exc. le maréchal *Niel*, à la séance du 7 juillet
1868 (*Moniteur*). Or, la *panique* se développe surtout
dans les masses; — elle agit peu sur les soldats
couverts d'un retranchement ou sur des tirailleurs
éparpillés, dont la mission est de *harceler* et non
pas de tenir ferme.

Les canons sont, d'ailleurs, des machines inertes
par elles-mêmes : elles n'ont de valeur que par les
chevaux et les artilleurs qui les mettent en action.
— Donc, c'est contre ceux-ci que l'ennemi doit di-
riger ses efforts; — il faut employer contre eux
l'arme la plus sûre, la plus rapide et la plus facilement transportable, *le fusil*.

Longue portée et longue vue. Tirailleurs spéciaux.

Nous avons des fusils qui tirent à 1,500 mètres et
bien au-delà (1). (Les *Actualités militaires* citent
seulement la carabine *Minié*, parce qu'elle était alors
la seule arme bien connue sous ce rapport.)

La longue portée ne peut être entièrement uti-
lisée par le soldat, qui voit à peine à 1,000 mètres
— mais qu'on place une *lunette à hausse* sur le canon de l'arme et dans la ligne de visée, aussitôt c

---

(1) Des expériences *spéciales* sur la *portée* du fusil Chas
sepot, faites en 1868, au camp de Châlons, ont établi que cett
portée s'étendait jusqu'à *deux mille cinq cent mètres*.

soldat distinguera à plus de 1,500 mètres, non-seulement les masses, mais encore les individus ; il
choisira naturellement pour but ceux que leur position de bataille, et surtout leurs mouvements, lui
signaleront comme des officiers supérieurs.

Des tirailleurs, choisis parmi les plus habiles et
ceux connaissant le mieux le pays, s'éparpille-
ront par deux ou trois dans les champs ; — ils
distingueront à plus de 1,500 mètres le danger, au
moyen de la lunette ; —ils sauront l'éviter et auront
le temps de s'en garantir.

Ils pourront, sans trop de difficultés, franchir les
lignes de l'ennemi, aller s'embusquer à 1,500 mètres de ses batteries, tirer à l'aise sur les artilleurs
et les chevaux, sans qu'on puisse, à cette distance,
voir de quel côté viennent ces balles inattendues.
— Cinq ou six hommes, ainsi éparpillés, suffiront
pour désorganiser une batterie.

Quand le pli sera pris, on verra des tirailleurs énergiques aller s'embusquer, se blottir, même pendant
plusieurs jours, à portée des états-majors, épiant
l'arrivée ou la sortie d'un aide-de-camp, d'un général ; — apportant à leur œuvre cette ardeur pa-
tiente et fiévreuse qui caractérise le chasseur de
gros gibier.

Qui pourrait dire que la vanité humaine, cette
reine du monde, ne fera pas surgir un jour des *tueurs
de généraux*, comme nous avons déjà des *tueurs de
lions* ?

Alors, les périls de la guerre deviendraient bien

grands pour ceux qui l'aiment et en profitent le
plus : — peut-être calmeraient-ils leur ardeur militaire !

Tous les belligérants auront sans doute des tirailleurs de cette espèce ; mais ces hommes à nature
énergique s'éviteront en campagne, et cela leur
sera facile ; — leur but sera bien plus haut que la
mort d'un soldat comme eux.

L'organisation de ces tirailleurs serait un engin
de guerre puissant et *peu dispendieux :* — il n'en est
pas de même pour la plupart de ceux qu'on invente,
et qui grèvent les nations de dépenses excessives
et continuellement variées.

La puissance de l'arme paralyse celle de l'homme.
— Ces inventions de mort semblent un fléau pour
l'humanité, chaque fois qu'elles apparaissent : or, le
but principal de cet écrit (*Actualités militaires,* etc.)
est d'établir que l'invention de l'engin de guerre,
le plus puissant possible, est un BIENFAIT de l'industrie plutôt qu'un mal.

En effet, la puissance d'un soldat est celle de sa
personne multipliée par celle de son arme.

La première, force et vitesse est une *constante ;*
elle restera toujours la même : — celle de son arme
est *progressive ;* elle est depuis quelques années en
grand accroissement, et tend à devenir *infinie.*

Donc la puissance de l'homme *est effacée, disparaît*
devant la puissance de l'arme ; — si celle-ci pouvait devenir *infinie,* un *seul* homme disposant d'une
pareille arme, serait égal en pouvoir à un nombre

d'hommes aussi grand qu'on voudra, et qui en disposeraient aussi.

Exemples. Balles explosibles. —Veut-on des exemples à l'appui de cette grande vérité qu'on peut dire *mathématique?*

On connait les balles *explosibles*, dont certaines, par un *curieux raffinement*, dégagent des gaz *méphitiques;* — supposons une de ces balles pouvant tuer ou asphyxier dix hommes rangés; — Un *seul* soldat, qui en serait pourvu, est aussi fort que *dix* ennemis l'ayant également; — il est *plus fort*, s'il tire *le premier et juste.*

Guerre maritime. Dix hommes aussi forts que deux mille. — Prenons un exemple dans la guerre maritime.

On sait les dépenses énormes qu'ont faites tous les peuples pour cuirasser leurs vaisseaux: — ils en ont ensuite fait de nouvelles pour l'exécution de canons *monstres*, qui percent les plus fortes cuirasses. — *La belle avance!*

Supposons, en présence d'une batterie de côte ayant un de ces canons servi par dix artilleurs, un vaisseau *cuirassé* de quatre-vingts canons semblables et portant deux mille hommes d'équipage; — si *l'unique* canon de la batterie tire le premier et juste (en *terre ferme il a plus de chances* pour cela), les dix artilleurs pourront couler et le vaisseau, et ses quatre-vingts canons, et ses deux mille hommes.

Engins grandioses, électricité, torpilles. — Ces en-

3

gins de destruction, si formidables maintenant, ne sont pas à beaucoup près le dernier mot. Que deviendra la guerre, quand on y introduira des agents grandioses, comme la *vapeur, l'électricité* ?

Cette introduction n'est certes pas aussi éloignée qu'on le pense : — déjà, en 1859, un chimiste, M. *Lemaire,* avait présenté à *Saint-Cloud* un fusil A GAZ, largement essayé et tirant plus de 60 coups à la minute. L'arme n'a pas été trouvée pratique ; son heure n'était pas venue ; l'influence du tir rapide n'était pas alors appréciée.

Maintenant, la marine fait étudier un engin terrible, la *torpille,* expérimenté en Amérique.

Guerre Maritime. — Torpille.

La *guerre s'en va* est un principe applicable sur mer comme sur terre.

La guerre maritime s'est entièrement transformée depuis cinquante ans. Plus elle fait de progrès, plus elle approche du terme qui la rendra impossible, en donnant à ces engins une puissance telle que celle du *nombre* sera effacée.

La science des mouvements, celle de gagner le vent et s'y maintenir, de prévoir ses variations ; — les combinaisons de la voilure, les canonades, les fusillades derrière les bastingages *matelassés* ou du haut des huniers, etc., etc., tout cela a beaucoup perdu de sa valeur.

Maintenant, la *vapeur* d'abord, puis les cuirasses,

puis les tourelles à canons *monstres,—pas un homme*
sur le pont, ni dans les manœuvres, — puis enfin
l'*éperon*, cet engin des temps antiques, montrant à
Lissa toute sa puissance, même contre la cuirasse :
— Voilà quels sont les éléments de la guerre maritime actuelle.

Torpille. — Mais voici venir la torpille, agent
tout autrement grandiose.

Bien qu'à ses débuts, bien qu'ayant encore besoin
d'être étudiée et perfectionnée, elle a jeté un vif
éclat dans les dernières guerres d'Amérique.

M. l'amiral comte de Chabannes, a fait à Toulon
des essais d'un engin analogue, mais moins puissant, dont les journaux ont pu rendre compte.

La torpille n'agit pas comme les anciens brûlots,
qu'on poussait vers les vaisseaux en bois pour les
incendier : — elle est plus dangereuse, parce qu'elle
est invisible.

Par son explosion produite à fond, elle fait surgir
un flot, une *colonne d'eau*, d'un à deux mètres de
hauteur : — le navire qui se trouve au-dessus est
brusquement soulevé par une de ses parties flot-
tantes, — il est mis en *porte à faux*, se détraque
dans sa membrure et *coule*.

Application à la défense des ports. — Tous les
ports, militaires surtout, sont précédés chacun d'une
rade spacieuse, soit en rivière, soit en mer. Ce qui
constitue une bonne rade, c'est l'impossibilité d'y
entrer autrement que par un certain nombre de

passes présentant un tirant d'eau suffisant. L'existence d'une bonne rade naturelle est la raison déterminante de l'établissement d'un port.

Cela posé, les rades, qui jadis ont été *forcées* dans plus d'une occasion, qui peuvent l'être plus facilement encore par les escadres *cuirassées*, tant qu'on n'aura pu garnir d'un nombre suffisant de canons-*monstres* les forts ou batteries du littoral, ces rades trouveront, dans l'emploi des torpilles coulées longtemps à l'avance, suivant *les passes*, un moyen de défense bien autrement puissant et bien moins dispendieux que l'attirail des forts et des canons.

Ces engins, rendus inaltérables à l'eau de mer, seront reliés par des fils métalliques à une batterie électrique placée dans un poste ou bureau. Leurs positions respectives seront exactement déterminées par les *intersections* de rayons visuels dirigés lors de l'échouage et tracés sur une table fixe, — *les uns* à partir du bureau contenant l'appareil principal ; — *les autres* à partir d'un second bureau éloigné, et ayant sa façade en équerre ou à peu près avec celle du premier.

Un observateur, placé dans chaque bureau, suivra la marche d'un vaisseau ennemi. Quand celui-ci arrivera sur une *intersection*, une simple pression du doigt sur la batterie *électrique* le fera couler *instantanément*.

J'indique ce procédé, non pas comme le meilleur, mais comme pouvant appeler l'attention sur la nécessité de repérer soigneusement la position de chaque torpille, à mesure qu'on l'immerge : — il est à craindre que d'autres moyens plus pratiques ne fassent négliger cette attention, que je trouve indispensable dans tous les cas.

Torpille automotrice. — Voici l'un de ces moyens qui me vient à l'esprit, et qui prévient l'objection de la nuit et des brouillards, pendant lesquels les vaisseaux ennemis pourraient pénétrer en rade, sans être vus par les observateurs.

Chaque torpille immergée serait reliée à la batterie électrique par deux fils métalliques ou petits câbles isolés l'un de l'autre au moyen d'un enduit imperméable ; — l'un d'eux, pénétrant la torpille, servirait à déterminer l'explosion : — l'autre, qui la toucherait *extérieurement*, serait plus long et son extrémité serait soutenue, par un flotteur, jusqu'à la hauteur moyenne de *calaison* des navires cuirassés.

Ce dernier fil, terminé par une *houppe* métallique, serait électrisé négativement au moyen d'une petite *pile,* mise en action pendant la nuit.

La *houppe,* rencontrée par la cuirasse d'un vaisseau, s'y attacherait un peu, par aimantation : — elle en attirerait l'électricité positive et déterminerait un courant suffisant pour faire jouer une sonnerie dans le bureau.

Alors, le surveillant connaîtrait de suite, par le fil *avertisseur*, quelle est la torpille, au-dessus de laquelle a lieu le contact ; — il déterminerait l'ex-

plosion instantanée, en pressant le fil correspon-
dant contre la *batterie électrique*.

Plus tard, et après des expériences bien nécessaires pour une matière aussi délicate que l'électricité, on arriverait à pouvoir mettre, sans danger
de réaction, les deux fils *avertisseur* et à *explosion*
en communication facultative, de manière que le
courant dans l'un déterminât l'action de l'autre,
sans le concours du surveillant. — La torpille deviendrait alors *auto-motrice*.

Je ne puis entrer dans les détails : — j'ai voulu
seulement appeler l'attention sur l'utilité de deux
fils *indépendants* l'un de l'autre. Cette indépendance
exclut tout danger, et, dans tous les cas, l'emploi
d'un surveillant résout la question d'atteindre un
navire *invisible* pendant les brouillards ou la nuit.

Quant à la faculté *auto-motrice*, c'est un perfectionnement qui peut être réservé à l'avenir.

Aucun accident ne paraît à craindre, car la marine nationale aura connaissance des chances de
danger et s'abstiendra de se présenter pendant la
nuit ou les brouillards : — si, par hasard, elle était
contrainte de le faire, elle donnerait avis de son
approche, soit par une embarcation, soit par des si-
gnaux *convenus* de *brume* ou de *nuit*.

Les guerres maritimes sont rares : — on pourra
pendant la paix soit enlever les torpilles, soit les
laisser à fond ; car, si elles sont convenablement
préparées, les poudres s'y conserveront comme dans

un magasin; — alors on n'aurait qu'à isoler les fils à explosion de la batterie électrique.

Inutilité des flottes défensives. — Si les *torpilles,* dont la dépense est relativement faible, qu'on peut préparer ou immerger à l'avance et à loisir, suffisent, surtout par la terreur qu'elles inspirent, pour tenir les vaisseaux ennemis à distance des rades et à distance très-grande des ports, ceux-ci n'auront plus à craindre ni canonnade ni bombardement efficaces.

Donc, les flottes qu'on emploie, soit en rade, soit en croisière pour protéger les ports, deviendront superflues. — Quant aux ports de commerce, nous allons en parler.

Inutilité des flottes pour la protection du commerce. — Par un traité international, qui fait le plus grand honneur à notre siècle et à l'initiative des souverains qui l'ont signé, toutes les puissances, excepté une, se sont solennellement engagées à renoncer à la course, à ne pas tolérer les corsaires, à respecter les navires du commerce, quel que soit le pavillon, et par conséquent, les ports marchands eux-mêmes.

Alors, on n'aura plus besoin de ces vaisseaux de guerre, qu'on employait jadis pour convoyer et défendre les navires de commerce, réunis à cet effet, et qui ont été jadis l'occasion de la plupart des batailles navales.

En résumé, les flottes nombreuses, cuirassées ou non, dont l'entretien absorbe ne si grande partie

de la richesse des nations, ne pourront plus forcer
les rades et détruire les ports militaires ; les ca-
nons-monstres, *les torpilles* en défendront l'approche ; — elles ne pourront plus attaquer les navires
ni les ports marchands ; l'honneur et la foi des
traités le leur défendent.

Que pourront-elles faire en Europe ?

Sans doute quelques vaisseaux, ou frégates, en
petit nombre, seront encore nécessaires pour protéger dans les pays lointains et peu civilisés les intérêts et le commerce des nations européennes ; —
mais à part ce service spécial, la marine militaire
et tout l'attirail si dispendieux qu'elle comporte,
n'auront bientôt plus leur raison d'être.

LA GUERRE S'EN VA, sur mer comme sur terre. —
L'invention du plus terrible engin profite surtout à
la défense. — Le *seul canon-monstre* d'une batterie
côtière peut couler un vaisseau, — un *seul* observateur, tranquillement assis près d'une batterie
électrique, pourra par quelques pressions de son
doigt détruire *une flotte* entière.

La vapeur, l'électricité sont des agents PRIMOR-
DIAUX, bien autrement puissants que les canons,
les cuirasses, etc. — Ils tendent à l'abolition de la
guerre maritime et produiraient le même effet sur
la *guerre continentale*, s'ils lui étaient appliqués ; —
mais le progrès *incessant* des armes, qu'emploie
celle-ci, rend l'application superflue.

Ce progrès et ses conséquences sont l'objet principal de mes études ; les *aperçus*, que je viens de

présenter sur les choses de la marine, se rattachent à la question générale et m'ont paru de quelqu'utilité.

Mais je ne puis les développer davantage et reviens à mon sujet spécial.

Inutilité et danger des armées nombreuses.

Le but des *Actualités militaires* est de faire entrer dans les esprits cette vérité simple et claire, qu'à un *grand progrès* dans la puissance des armes correspond un *grand déclin* dans la puissance du nombre; — que ce progrès est surtout très-favorable à la guerre *défensive*.

La conclusion de mon opuscule est : *La guerre s'en va. L'industrie, que la guerre a si souvent mise à l'agonie, finira par tuer la guerre. Ainsi soit-il.*

Mais si la guerre s'en va; si la rapidité, la précision et la longue portée des armes à feu, qui sont bien loin d'*avoir dit leur dernier mot*, paralysent déjà et les charges à l'arme blanche et la puissance du nombre;

Si le progrès étonnant de ces armes donne à la défense une énorme supériorité sur l'attaque, en rendant presque inexpugnable le moindre abri, pour des assaillants forcés de courir à découvert, et, par suite *ne pouvant* faire feu :

A quoi bon, je le demande, cet excessif et rui-

neux developpement du nombre des soldats que
préparent toutes les nations européennes?

Y a-t-il là une idée juste, une idée logique, je
dirai même raisonnable?

Progrès, décadence. — L'esprit civilisateur et com-
mercial de notre époque tend à rapprocher tous
les peuples, et pour les distances et pour les intérêts.

La paix *assurée*, c'est le travail, l'aisance, c'est le
gouvernement constitutionnel, l'administration mo-
dérée; — C'EST LE PROGRÈS.

La paix *armée*, c'est l'abaissemet du travail par
l'absorption des ouvriers les plus vigoureux; c'est
aussi la *dégénérescence* des hommes bien prouvée
déjà par les réductions qu'on a été forcé d'admettre
pour la taille des soldats, puis par le temps d'arrêt
dans la population que le dernier recensement a
constaté; — c'est la ruine lente, mais certaine des
affaires privées et publiques; — c'est le danger des
séditions ou guerres prétoriennes du Bas-Empire; —
c'est le gouvernement militaire, l'administration
rigoureuse; — C'EST LA DÉCADENCE.

Un esprit de vertige semble maintenant nous
pousser vers elle; — mais, par une inspiration qu'on
peut appeler *providentielle*, l'industrie vient de créer
des armes dont la puissance paralyse celle du nombre, de la vitesse, de l'entrain des hommes et des
chevaux; — plus d'attaques possibles devant la
grande supériorité prise par la défense, et partant
plus de guerre.

C'est ce que prouvent des expériences *décisives*,
pour qui sait les étudier et les comprendre. — Si
leurs conséquences logiques pouvaient entrer dans
les esprits, elles dissiperaient cette appréhension
continuelle de la guerre, qui est pour la prospérité
publique et privée un mal presque aussi grand que
la *réalité.*

LA GUERRE S'EN VA.

La brochure *Actualités militaires et politiques* n'a
été publiée qu'à cent exemplaires et doit être peu
répandue : c'est par ce motif qu'il a paru bon de
donner à l'analyse précédente une certaine étendue.

Analyse et faits nouveaux. — Les deux brochures:
La Guerre s'en va, offertes à *la Ligue internationale
de la paix,* vont être l'objet d'un résumé plus som-
maire, et dans lequel seront intercalés quelques
aperçus et faits nouveaux, dont l'importance sera
comprise.

La première a paru en novembre 1867, alors que
les expériences du camp de Châlons, moins incomplètes que celles de 1866, étaient venues largement
confirmer les arguments logiques présentés dans les
Actualités militaires; — alors aussi que l'*Exposition
universelle* justifiait mes assertions sur le *progrès incessant* des armes de guerre, en offrant des types
bien supérieurs, sous certains rapports, à notre fusil *Chassepot.*

Articles belliqueux publiés par le MONITEUR. — Le
Moniteur universel a lancé dans le large courant de

sa publicité, quasi-officielle, plusieurs articles ten-
dant à atténuer l'effet que pouvaient produire sur
l'opinion publique et les expériences du camp de
Châlons et la vue, à l'Exposition, de tous ces engins
de carnage.

Articles signés : général Ambert. — Deux des articles (*fusils* et *carabines*, 6 et 7 octobre 1867) s'impo-
sent à l'attention par la signature d'un honorable
général ; les convenances exigent quelques détails.

L'auteur cite avec éloges la carabine à répétition
de *Spencer*, que *chacun a pu manier* à l'Exposition
universelle ; qui a été largement éprouvée *par plus
de cent millions* de cartouches, pendant les guerres
d'Amérique ; qui est vantée par les principaux généraux de ce pays (Grant, Haucker, Sherman, etc.).
« Avec elle, dit-il, le soldat peut tirer *sept* cartou-
» ches en *douze secondes ;* voilà le fusil prussien sin-
» gulièrement dépassé ! »

Mais cette citation n'est qu'un épisode ; — le but
de ces articles et celui de la *grande publicité* qui leur
a été donnée, sont d'établir que la portée et la rapidité actuelles des armes à feu ne sont qu'un accessoire dans le gain des batailles. — L'auteur dit :
« Les victoires calculées, certaines, s'obtiennent par
» d'autres supériorités que par celle du tir ; la science
» des mouvements, les inspirations tactiques... sont
» les causes réelles du succès. Tout le reste n'est
» qu'accessoire. »

L'honorable général s'attache à cette idée, qu'il
développe avec complaisance : — Il rappelle l'opi-

nion du maréchal de Saxe sur ce système de combat, que l'illustre guerrier appelle dérisoirement *la tirerie*, en le mettant fort au-dessous de celui à l'arme blanche.

Il ajoute : « La guerre est dans les jambes, comme » l'ont sans cesse répété tous les grands capitaines, » Gustave-Adolphe, Frédéric, Turenne, Napoléon, » etc., etc. »

Enfin, l'auteur oppose à cette énergie industrielle, qui vient de perfectionner et de multiplier *énormément* les instruments de carnage, l'exemple de Louis XIV refusant, en 1702, l'offre d'un nouveau feu grégeois faite par le chimiste romain *Paoli*; — puis celui de Louis XV menaçant de la Bastille, en 1766, « l'artificier *Torre*, qui avait fait sur le canal » de Versailles, en présence du marquis de Montes- » quiou, des expériences constatant la possibilité » de répandre l'incendie et la destruction sur une » échelle immense. »

L'auteur admet, comme *incontestables*, ces pages de notre histoire *anecdotique*, et croit que « nous » devons en être plus fiers, que si nous avions in- » venté le fusil à aiguille. »

Ce sont là certainement des idées chevaleresques ; — elles rappellent cette *lutte de courtoisie*, qui valut aux *gardes françaises*, l'insigne honneur de recevoir, *les premiers*, le feu des grenadiers anglais (*Fontenoy*) ; — mais elles paraissent un peu *démodées* à notre époque positive, ou certains traités sur l'art de la guerre, en donnent cette rude et trop

exacte définition: « *C'est l'art de tuer le plus d'ennemis possible, avec la moindre dépense possible d'hommes et d'argent.* »

L'histoire du passé est sans doute fort utile et
respectable ; mais il semble que la connaissance des
faits contemporains, et surtout récents, soit plus
indispensable encore pour quiconque veut écrire
sur l'art ACTUEL de la guerre.

L'honorable général avait commencé par l'éloge
de la carabine *Spencer*, éprouvée par plus de *cent
millions* de cartouches, — qui peut tirer *cinq fois
plus vite* que le fusil Chassepot ; mais il ne dit rien
dans ses articles (*Moniteur du soir*, 6 octobre 1867)
des expériences faites avec ce fusil, au camp de
Châlons, pendant le mois d'août 1867.

La déférence due à un haut grade militaire et
administratif ne saurait arrêter l'expression de ce
qui est *vrai* et utile pour tous.

Les expériences en question ont grandement ré-
habilité *la tirerie*, et montré toute sa supériorité
sur l'arme blanche et sur les *jambes,* qu'on préconi-
sait au *temps jadis.* Alors, même sous le premier
empire, le fusil portait à 250 *mètres* et tirait *un coup*
par minute ; maintenant le *Chassepot* en tire huit et
porte à plus de 1,000 *mètres* : — chaque soldat du
temps présent en vaut *trente-deux* du temps passé,
car il tire *huit fois* plus vite et porte *quatre fois* plus
loin.

Et le *Chassepot* n'est pas, à beaucoup près, le dernier mot.

Il a fait merveille à Mentana. — C'est par ces mots, *très significatifs,* que se termine la dépêche télégraphique du général *de Failly.* (*Moniteur,* 11 novembre 1867.)

Mais nous avons déjà la carabine *Spencer,* qui tire *cinq* fois plus vite; — mais nous avons le fusil *Jarre,* qui peut tirer *treize* fois plus vite ; — mais nous avons *six cents* modèles nouveaux et *perfectionnés,* présentés au ministère de la guerre!

Où s'arrêtera l'industrie lancée dans cette voie? Nul ne saurait le dire.

Nous reviendrons sur ce sujet ; — bornons-nous à constater que les exemples tirés de *l'ancien régime* sont sans valeur pour le nôtre ; — s'appuyer sur eux, fermer les yeux devant ceux qui jaillissent de toutes parts, c'est, il faut bien le dire, *n'être pas de son époque.*

Expériences de 1867 et 1868.—Articles signés Louis Noir.

Les expériences du camp de Châlons, qui sont venues confirmer celle de 1866, ont vivement frappé un rédacteur du *Moniteur :* — bien que partisan de l'état de guerre, il les a décrites fidèlement dans deux articles publiés par le *Moniteur du soir* des 29 et 30 août 1867, sous le titre, *à propos du nouvel armement.*

Dans le premier, il rend compte d'une charge de

cavalerie contre infanterie ; — une cible placée en
face de celle-ci à la distance de 600 mètres, présen-
tait une surface égale à celle d'un escadron ; on
avait préalablement fait brûler par les fantassins un
certain nombre de cartouches sans balles, afin de
produire d'abord une fumée aussi épaisse que celle
des champs de bataille.

Après la charge simulée, « on alla, dit l'article du
» 29 août, compter les balles dans la cible et l'on
» trouva une telle quantité de *touches*, que, *indis-*
» *cutablement*, tous les cavaliers seraient morts,
» s'ils avaient réellement chargé. »

« Ainsi donc, malgré la fumée dont s'étaient
» couverts les fantassins, il est hors de doute qu'ils
» eussent exterminé la cavalerie avant qu'elle fût
» sur eux.

» Il résulte de là, et ce principe est clair jusqu'à
» l'évidence, que, désormais, une charge en plaine
» contre des carrés d'infanterie est devenue *impos-*
» *sible.* »

L'article du 30 août rend compte d'une charge à
la baïonnette contre l'infanterie faisant feu ; il porte
textuellement : « en trois minutes, si les panneaux
» cibles eussent été des hommes, pas un ne serait
» resté debout.

» Donc, deux troupes de bravoure et d'adresse
» à peu près égales, s'extermineraient mutuelle-
» ment.

» De plus, une troupe marchant à la baïonnette

» sur l'autre, ne parviendrait jamais à atteindre
» l'ennemi, elle *périrait* auparavant. »

Il y a des nécessités de position auxquelles on ne
peut échapper. — Après avoir franchement énoncé
ses impressions, l'honorable rédacteur du *Moniteur*
cherche à les expliquer dans un sens tout contraire
à leurs conséquences logiques.

Ainsi, après avoir dit : *une charge de cavalerie
contre des carrés d'infanterie, est devenue positivement
impossible*, il ajoute aussitôt : « Mais, de là conclure
» à l'abolition de la cavalererie, il y a un abîme : »
— puis, plus bas, « loin de devenir inutile, elle ser-
» vira *plus que jamais*. »

De même, après avoir dit (*Moniteur* du 30 août) :
*Une troupe marchant à la baïonnette, ne parviendrait
jamais à atteindre l'ennemi, elle périrait auparavant.*
Il ajoute : « Si l'on en concluait que l'on n'usera
» plus de l'arme blanche, on tomberait dans l'ab-
» surde. »

De pareilles conclusions, paraissent *forcées;* on
sent que l'auteur ne s'y trouve pas à l'aise : — elles
ne peuvent atténuer la gravité des faits, mais elles
étaient, peut-être *indispensables* pour faire admettre les deux articles dans la feuille *quasi-officielle*,
dont la mission est d'agir sur l'esprit public.

Expériences de 1868, au camp de Saint-Maur. —
Des expériences toutes nouvelles sont venues con-
firmer celles, si *décisives* déjà, du camp de Châlons :
— Le rédacteur précité en a rendu compte dans la

Chronique du camp de Saint-Maur (*Moniteur du soir*, 1er mai et 1er juin 1868).

Armée couchée en bataille. — Le premier article décrit une manœuvre assez étrange.

« A un coup de clairon, dit-il, toute la ligne de
» bataille disparaît comme par enchantement, et
» semble s'enfouir sous terre; l'armée s'est cou-
» chée. Un second coup de clairon donne un signal,
» rapidement répété sur toute la ligne : — aussitôt
» commence un feu *infernal.*

» Au ras du sol, un rouleau de flammes se dé-
» roule soudain et monte peu à peu en un voile
» épais de fumée; les détonations se succèdent
» avec un fracas effrayant.

» On ne peut échapper à ce feu infernal qu'en
» se rasant au plus près du sol.

» Désormais, la guerre présentera un aspect bi-
» zarre et se fera singulièrement — une guerre de
» *serpents,* disent les soldats. »

On a vu souvent, dans les combats de tirailleurs
et dans des circonstances exceptionnelles, faire
coucher à terre les soldats; mais on n'avait pas encore appliqué ce moyen à toute une armée.

Que fera l'armée ennemie? — Elle prendra la
même position commode, et cela sans danger : car
il est bien entendu que le feu *infernal* rendra vaine
toute tentative de charges à l'arme blanche, tant de
l'infanterie que de la cavalerie. — On ne pourra
s'approcher qu'en rampant comme les *serpents;* —

combien de mètres du champ de bataille pourra-t-on gagner par jour, à cette allure ?

Que deviendra le rôle de l'artillerie quand elle n'aura plus de but visible ?

Tranchée faite à la hâte, abandonnée de même. — Le second article des *chroniques* du camp de *Saint-Maur* décrit un autre expédient essayé le   mai (*Moniteur du soir*, 1er juin),

On a ajouté au fourniment, assez lourd déjà des soldats, une pelle pour l'un une pioche pour l'autre. La troupe étant arrivée en ligne, la moitié fait le coup de fusil et défend l'autre moitié, qui creuse un fossé, dont les terres suffisent pour l'abriter toute entière en *sept minutes montre en main*.

Cette rapidité d'exécution est remarquable ; mais l'article ne dit pas quelle était la nature du terrain ; — elle a certes une grande influence sur la durée du travail et peut même le rendre impossible.

S'il est fait devant l'ennemi, qui pourra se tenir *couché* tandis que les travailleurs *ne le pourront pas ;* — qui, dans cette position *commode*, n'aura pas à craindre les balles de leurs défenseurs ; — il est clair que l'ouvrage ne pourra être achevé : — le fût-il d'ailleurs, il faudra l'abandonner à la première marche ordonnée : — et c'est pour un résultat aussi précaire qu'on irait, pendant toute une campagne, surcharger chaque soldat d'une pioche ou d'une pelle !

Cela n'est pas raisonnable, et, puisqu'on commence à comprendre la nécessité de recourir aux moyens défensifs, on en viendra bientôt au seul, direct, simple et logique, la *fortification ambulante.*

Nouvelles preuves. — Tous les expédients qu'on essaie, sont des arguments bien forts en faveur de ma thèse sur la grande supériorité prise par la défense, et sur l'impossibilité prochaine de la guerre.

Avec le fusil Chassepot, cette supériorité est déjà bien évidente. — Il a rendu impossibles les charges à l'arme blanche de l'infanterie et de la cavalerie; — il faut se *coucher* ou *ramper* comme des *serpents,* ou se couvrir par une tranchée faite à la hâte, pour échapper à ses effets destructeurs : — Voilà ce que proclament les expériences, faites jusqu'à ce jour aux camps de Châlons et de Saint-Maur.

L'assaillant court et ne peut tirer. — Mais il est une considération bien autrement décisive, et sur laquelle je dois insister.

On ne fait pas la guerre pour le plaisir de tuer des hommes; on a un but. — Or, ce but est de vaincre d'abord, puis d'envahir le territoire ennemi.

La condition indispensable de la victoire, c'est l'attaque : — Or, celui qui attaque se trouve dans la nécessité de marcher ou courir sur son ennemi et de ne pouvoir faire usage de son arme pendant cette course.

D'après toutes les expériences, le fusil Chassepot par sa portée, sa rapidité et sa précision *actuelles* paralyse *l'action personnelle* et le nombre des hommes. — L'assaillant pourrait *parcourir* l'espace, — mais l'arme *l'envahit* et le *dévore* instantanément, presque sans intermittence.

La DÉFENSE *peut se couvrir et non* l'ATTAQUE. Mais, ce n'est pas tout ; — La défense doit *naturellement* se couvrir par des obstacles, et aussi par la *fortification ambulante*, qui sera comprise un jour.

Chaque soldat abrité pour les 9/10 de sa personne vaut neuf ennemis découverts et tirant sur lui ; il en vaut 72 (8 multiplié par 9), et par *minute*, qu'on y pense bien, dès que ceux-ci cessent de tirer, pour lui courir sus.

Le moindre retranchement ou abri est devenu presque inexpugnable par ce fait.

Tout cela paraît clair et sans réplique possible ; nous voyons la tactique aux abois faire l'essai de soldats couchés ou rampant *comme des serpents ;* ou bien *surchargés* pendant *toute une campagne*, de pelles et de pioches, pour creuser à la hâte une tranchée, qu'il faut abandonner au premier mouvement.

Ces tentatives, qu'on pourrait appeler *désespérées*, ne sont-elles pas l'aveu implicite de ce fait capital, la défense a pris une *énorme* supériorité sur l'attaque ?

Les peuples nivelés par le progrès.

Cependant l'esprit français est porté à l'exalta-

tion : il imaginera que l'élan *irrésistible* de nos soldats aura raison du tir rapide; qu'il suffira pour
effaroucher l'ennemi et lui faire lâcher pied.

Ces hypothèses, *généreuses* à un point de vue, ont
besoin d'être examinées froidement.

La bravoure de nos troupes a, depuis des siècles,
conquis une glorieuse renommée. — C'est une qualité morale ou de tempérament; — elle ne peut se
traduire en fait que par la rapidité d'action ; or,
celle-ci dépend surtout de la vitesse des jambes et
restera *ce qu'elle a toujours été.*

Mais voici des armes nouvelles, dont la rapidité,
qui n'a pas dit son dernier mot, suffit déjà largement
pour paralyser la vitesse des hommes et des chevaux !

Nous avons, après maintes victoires, rendu noble-
ment hommage au courage de nos ennemis : —
pourrions-nous raisonnablement supposer que ce
courage ne sera pas grandement augmenté par la
possession d'une arme, qui défie tout entrain, toute
vitesse, et que leur *flegme naturel* rendra plus sûre
entre leurs mains ?

Il fallait *beaucoup d'élan* pour l'arme blanche : —
le *sang-froid* convient mieux pour le tir ; — or, le
tir est devenu *prépondérant* et, dans de grandes proportions.

Vainement les partisans de la guerre ; ceux dont
elle est le métier, viendront-ils nous vanter les
combinaisons de la stratégie. — Quelle valeur peu-

vent-elles avoir, quand les éléments dont elles disposent sont frappés d'impuissance ?

La grande œuvre de la civilisation moderne est le rapprochement des peuples, et pour les distances et pour les intérêts. — Ils se tendent des mains sympathiques, et leurs gouvernants veulent à toute force y placer des armes !

On n'arrête pas le progrès : — la fréquence des relations, l'enchevêtrement des intérêts, doivent amener les hommes à s'apprécier mieux les uns les autres, — à ne plus regarder comme des *monstres* ceux qui sont de nationalité différente ; — à comprendre qu'ils sont *tous de la même famille ;* — à détester en masse le fléau de la guerre, parce qu'il compromet gravement les intérêts *de tous*, alors même qu'il sévit entre *deux* peuples seulement.

Aux yeux de *certains politiques,* la guerre a sa raison d'être : — c'est un dérivatif, c'est une *soupape de sûreté* contre les effervescences de l'intérieur.

Mais, par une cause *physique,* plus puissante que tous les raisonnements humanitaires, les armes nouvelles ont déjà fermé cette *soupape* et la *fixeront* plus fortement encore par ce progrès *incessant* qui les caractérise. — Alors, force sera d'y renoncer, et d'en chercher une autre, beaucoup plus sûre, dans l'*affection des peuples.*

Grand et continuel progrès des armes à feu.

Le fusil Chassepot est très-suffisant déjà, mais il est loin d'être le dernier mot du progrès.

« *Plus de six cents personnes*, » a dit S. Exc. le ministre de la guerre, dans la séance du 2 juillet 1868, « m'ont déjà proposé des fusils Chassepot per-» fectionnés. »

On a pu manier, à l'*Exposition universelle de* 1867, la carabine *Spencer*, éprouvée par plus d'un million de cartouches, comme l'a écrit, dans le *Moniteur* du 6 octobre 1867, l'honorable général *Ambert*. Elle peut tirer *sept* cartouches en *douze secondes*, soit *cinq fois* plus vite que le Chassepot. — On a vu beaucoup d'autres armes rapides et de toutes provenances, parmi lesquelles le fusil Jarre et Cᵉ, récompensé d'une médaille, et qui tire *soixante* coups *par minute* et même en *trente-quatre secondes*, soit *cent-six* par minute, quand il est dans une main *exercée*.

Ce fusil, dont l'inventeur ne fait pas, comme M. Chassepot, partie du corps de l'artillerie, peut avoir, pour la pratique, certains défauts ; mais ils seront corrigés par l'expérience et l'étude. — La possibilité de tirer 60 coups en 34 secondes n'en demeure pas moins *un fait acquis ;* — et voilà six cents modèles nouveaux !

Je ne parlerai pas ici de la mitrailleuse améri-
caine qu'on a vue à l'*Exposition*, et qui, suivant
l'attestation du major général *Dyer*, a logé dans un
panneau cible *six cent quatre-vingt-onze* balles en *une
minute et demie;* je ne dis rien des nombreux per-
fectionnements ou imitations dont on s'occupe à son
sujet. Les journaux les ont vaguement indiqués. —
Je reviens au fusil.

Avec le Chassepot, un soldat couvert sur les 9/10
de son corps, vaut *seul et par minute* 72 assaillants
courant sur lui à découvert et par suite ne pouvant
tirer; — il en vaut 315 (9 multiplié par 35), s'il a la
carabine *Spencer;* — il en vaudra 540 (9 multiplié
par 60) quand il aura le fusil *Jarre* ou son équiva-
lent; — il en vaudra même près de mille (954), dès
qu'il aura la main exercée : — et *tout cela par minute, qu'on y pense bien!*

Mes appréciations sont raisonnées, calculées d'a-
près des fusils, que chacun a pu, comme moi, manier à l'Exposition universelle; qui ont été essayés
d'abord, puis *récompensés* : eh bien, voici venir les
six cents nouveaux modèles perfectionnés, qui sont
proposés à notre ministre de la guerre !

Combien d'autres modèles ont été présentés aux
gouvernements étrangers? — L'industrie est cos-
mopolite : Ce n'est pas à la France qu'appartient
l'initiative des armes rapides. — Elle n'a pas le mo-
nopole des *meilleures* possibles.

C'est vainement qu'on aurait la prétention de
surprendre les nations étrangères par quelqu'engin

4

destructeur, élaboré à *huis-clos*. — Toutes seront prêtes à en opposer un similaire, peut-être même plus énergique encore (1).

La Prusse a pu surprendre l'Europe, dont les agents diplomatiques, *à Berlin*, n'ont vu dans le fusil *à aiguille* qu'un *accessoire* peu digne d'être signalé par leurs rapports : — Mais *l'industrie* est maintenant mise *en éveil* chez les divers peuples : aucune surprise n'est plus possible.

Précision des armes modernes.

L'esprit demeure confondu devant des faits aussi énormes, aussi éloignés de la sphère dans laquelle gravitent nos idées, nos habitudes, nos préjugés *séculaires*.

On ne peut les nier, *ces faits ;* mais leurs conséquences paraissent si étranges, qu'aucun écrivain ne se hasarde au *labeur* d'un examen sérieux ; à l'émission d'une opinion compromettante.

(1) Le fusil à *grenades*, que viennent d'inventer les Prussiens, est une preuve toute nouvelle de ce fait. Il est cité par le *Moniteur* du soir (31 octobre 1868), comme étant l'objet de *pompeux éloges* de la part des journaux *prussiens*, dont l'un demande ce que les Français pourront, en cas de guerre, opposer à une pareille arme.

Dès que la connaissance de celle-ci est répandue dans le public, on peut compter que le gouvernement prussien tient en réserve quelqu'autre arme plus puissante encore, car il a fait ses preuves dans l'art de *cacher son jeu.*

Ainsi, dans ma dernière brochure : *La Guerre s'en va* (janvier 1868), j'ai posé l'exemple de dix fantassins pouvant, avec le fusil Chassepot, mettre hors de combat quatre cents de leurs assaillants, avant d'être atteints, en supposant que *le quart* seulement des balles lancées aient porté.

Cette hypothèse d'une balle *portant*, sur quatre *lancées*, a paru fort exagérée au journal l'*Avenir national* du 28 mars 1868 : — dans son article *courrier du jour*, se trouvent quelques lignes, bienveillantes d'ailleurs, sur ma brochure. — Le rédacteur s'est peu occupé du fond de la question, mais il dit : « Une bataille où *le quart* des coups, ou seulement » le *sixième*, ou seulement le *dixième* porterait, se— » rait la plus meurtrière qui se serait jamais vue ; » puis il brode sur ce thème.

Il est *impossible* de raisonner sur la question *actuelle* de la guerre, si l'on ne se met pas d'abord *bien dans l'esprit*, qu'elle est *complètement* TRANS-FORMÉE.

Tout ce que nous ont légué le temps passé, les expériences, les traités, les maximes, les adages, comme celui, — qu'il faut pour tuer un soldat, dé-penser en balles un poids de plomb *égal au sien ;* — tout cela, qu'on y pense bien, n'a plus la moindre valeur pour l'époque présente.

Rapport officiel.—C'est là un FAIT, dont on trouve une preuve nouvelle et *saisissante* dans le rapport à l'Empereur (*Moniteur* du 28 mai 1868), sur toutes les expériences officielles faites avec le fusil Chasse-pot.

Ce document est certainement le plus authentique et le plus complet qu'on puisse avoir sur la précision du tir actuel.

Si l'on extrait du tableau, présenté vers le début du rapport, la dernière ligne (1), qui concerne les soldats, dont l'instruction était complète, on trouve que la moyenne des balles, qu'ils ont *logées* dans la *cible* a été, *pour cent balles lancées*, de :

60.8 à la distance de 200 m., soit sur 5 balles, plus de 3 (3.04)

46.6 — 400 m., — 2 et tiers (2.33)

36.1 — 600 m., — près de 2 (1.81)

28.6 — 800 m., — près de 1 1/2 (1.43)

24.7 — 1,000 m., 1 1/4 à peu près 1 sur 4 (1.24)

Donc, c'est à mille mètres de distance, que la proportion des balles portant à celles lancées, se trouve réduite au quart ; l'hypothèse que j'avais posée, d'après quelques renseignements, se trouve non-seulement justifiée, mais de beaucoup dépassée par le fait, pour la *moyenne* des distances (2).

(1) Cette ligne unique correspond aux cinq colonnes donnant les distances ; — de là les *cinq lignes* nécessaires pour l'exprimer.

(2) Le *Moniteur de l'Armée*, dans un article reproduit le 10 septembre 1868, par le *Moniteur du soir*, rend compte des concours de tir par *corps*, qui viennent d'avoir lieu au camp de Châlons.

« On peut citer, dit-il, certains régiments où, sur 45 tireurs

Tir à la cible ou *devant l'ennemi. Considération importante et inaperçue.*—On dira : mais le tir à la cible est tout différent de celui du champ de bataille ; le trouble de l'action rend la justesse bien inférieure à ce qu'elle est dans un exercice.

Cela était vrai et ne l'est plus autant.

Ce qui fait la justesse du tir est la confiance du soldat dans son arme. Il sait, ou saura bientôt, qu'avec la sienne il peut, *par minute*, lancer huit balles et *descendre* en moyenne quatre ennemis : — leur nombre ne l'effraiera plus, surtout, s'il est couvert par un abri.

Il est d'ailleurs une considération importante et dont il semble qu'on ne se soit occupé.

D'après le rapport ministériel, la cible était *fixe* ; les soldats ont été placés devant elle à 200 mètres

» (ayant chacun six cartouches), 12 ont mis, à 5 ou 600 mètres,
» *leurs six balles* dans la cible ; 15 en ont mis 5 et les autres 4.
» L'écart des balles *non arrivées* était de 2 à 4 mètres *seu-*
» *lement.* »

Il s'agit ici de la cible ordinaire, mais avec le *panneau-cible* représentant « le front d'un bataillon, on a vu, en quelques minutes, de très-grands effets par un tir dont la distance a de 200 à 900 mètres. »

« A 1,000 mètres, le tir régulier, ou à *commandement*, donne « encore des effets sérieux. Une erreur de *moitié* dans l'ap-» préciation de la distance, n'empêche pas d'avoir un feu » *très-efficace.* »

4.

d'abord, puis à 400 et ainsi de suite jusqu'à mille.

Or, cette cible fixe ne représentait pas exactement une troupe ennemie chargeant. Il aurait fallu que les *panneaux-cibles* eussent été *mobiles;* — placés, par exemple, sur un chemin de fer, et poussés par une machine, à la vitesse normale.

Si les expériences étaient reprises de cette façon ; si les *panneaux-cibles* s'avançaient contre les balles, non pas seulement jusqu'à 200 mètres, mais jusqu'à *bout portant,* comme doit le faire une *charge à fond;* le nombre des *touches* serait bien autrement grand, qu'on ne l'a trouvé dans les précédents exercices.

Il est clair que ce nombre compenserait largement le déficit, qu'on peut attribuer au trouble du champ de bataille.

La *justesse actuelle* du tir, si bien mise en lumière par le rapport à l'Empereur, concourt avec la *rapidité* et la *longue portée,* à la transformation complète de l'armement moderne et par suite *de la guerre,* qui tend à devenir *impossible.*

La guerre physiquement impossible: démonstration.

Cette impossibilité future paraît une *assertion absurde :* — chacun se demande commer la *guerre,* cette *plaie* de l'humanité, aussi vieille que le monde, pourrait disparaître par l'emploi même des armes nouvelles, dont le but et l'effet sont *précisément* de la rendre beaucoup plus large et meurtrière.

Eh bien! il ne s'agit pas ici d'une *assertion*, mais d'une *démonstration* complète, qui défie toute réplique, et sur laquelle je dois insister encore, en appelant toute l'attention des hommes sérieux.

L'élément de la guerre est le soldat.

La puissance de celui-ci sur le champ de bataille est celle de sa personne multipliée par celle de son arme.

La première (force et vitesse), restera *toujours* ce que *la nature l'a faite*. La *seconde* est en progrès *incessant*, parce qu'elle est un produit de l'industrie, dont l'essence est le *progrès :* elle tend à devenir *infinie.*

Donc, par la force des choses physiques, l'influence dans les combats, du nombre, de la force, de la vitesse et même du courage, tend de plus en plus à s'effacer devant la puissance *toujours croissante* des armes.

Donc la guerre organisée doit *fatalement* disparaître.

Les mauvaises passions ne seront pas extirpées; les individus pourront encore *s'assassiner*, mais les peuples civilisés ne pourront plus se *combattre;* — ne pourront plus *s'envahir* les uns les autres.

Nombreuses et antiques erreurs extirpées par le progrès.

Tout cela paraît étrange; mais qu'on réfléchisse donc à cette multitude d'erreurs, *vieilles comme le monde,* qu'il a fallu faire disparaître, pour arriver au point de civilisation où nous sommes.

L'enfantement des grandes vérités, qui nous éclairent, a coûté des années, des siècles même à quelques malheureux, se succédant par intervalles, et doués par la nature de la faculté de voir au-delà des ténèbres de leur époque.

La nomenclature de ces martyrs serait trop longue; rappelons seulement Galilée, forcé à une rétractation, à une amende honorable.

Eppure si muove… foule imbécile!

Après lui, quels immenses progrès, surtout par le temps présent!

L'homme s'élance hors de son élément naturel, il traverse les airs, il travaille sous les eaux profondes; — il ajoute, à sa force et à celle des animaux utiles de la création, cette force, bien autrement puissante, du *cheval-vapeur;* — il discipline ce formidable élément, qui constitue la FOUDRE; — il l'envoie, comme un messager docile et rapide, porter aux *antipodes,* en *quelques minutes,* sa pensée, son écriture et même son image!

Nous voyons tous ces *prodiges,* et nous pourrions contester au *temps,* ce grand réformateur qui *marche toujours,* le pouvoir d'extirper la *guerre,* cette erreur profonde—qui n'est pas plus vieille que celles qui ont disparu, mais qui est plus stupide encore, car elle est la violation manifeste de cette loi de la création : *Croissez et multipliez,*— et de cette autre plus touchante encore: *Aimez-vous les uns les autres!*

Disparition de la guerre ; elle est prochaine.

La guerre s'en va : ce n'est plus une assertion c'est un principe, — c'est un AXIOME!

La force matérielle de l'homme est *stationnaire*: — celle de l'arme est en progrès *incessant*.

Celui qui *veut vaincre* doit *attaquer*, marcher, courir, sans pouvoir faire usage de son arme ; — donc il doit succomber devant la puissance toujours croissante de l'arme de son ennemi.

Je dis *toujours croissante*, non-seulement par le *progrès incessant*, mais parce qu'elle est d'autant plus redoutable que la distance diminue.

Donc la défense qui peut d'ailleurs se couvrir et choisir ses positions, a pris *une énorme supériorité* sur l'attaque ; — donc la disparition de la guerre est un événement FATAL.

Est-il prochain? — Oui, sans doute, pour ceux qui comprennent les expériences du camp de Châlons — et ce fait, d'une si haute signification, constaté au Corps législatif par *notre ministre de la guerre* lui-même, en termes *saisissants* pour ceux que n'aveuglent pas les préjugés ou le parti pris :

« Nous venons de les voir (les soldats) manœu- » vrer au camp de Châlons; le terrain est là de » telle nature que tout projectile qui frappe le sol

» soulève la poussière. Eh bien ! c'est une chose
» effrayante qu'un feu de bataillon avec le nouveau
» fusil : — jusqu'à mille mètres, la *sûreté* en est
» telle qu'on ne comprend pas comment, dans
» cette trajectoire de 1,000 à 1,100 mètres, il pour-
» rait rester un être vivant. » (Séance du 7 juillet
1868. (*Moniteur.*)

L'impossibilité *actuelle* de la guerre est la conclusion logique des paroles de l'éminent ministre. Elle
entre, nonobstant toutes les répulsions, dans l'esprit même de ceux qui gouvernent. — De là, peut-
être, ces protestations pacifiques et cette attitude
expectante, qui n'empêchent pas le développement
à outrance des armements.

Loi sur l'organisation de l'armée.

Citons les paroles mémorables de S. E. le ministre
de la guerre, à la séance du 31 décembre 1867.
(*Moniteur.*)

« Quand je vois, a dit Son Excellence, l'Europe
» devenir un vaste camp, où l'on se ruine en arme-
» ments, je crois que cela ne peut durer long-
» temps ; je ne sais, si, comme on l'a dit, cela finira
» par la guerre, mais assurément cela finira par la
» paix. »

Ainsi, voilà les législateurs bien et dûment aver-
tis : — il s'agit d'une loi *ruineuse*, d'une organisation PERMANENTE de l'armée, pour un état de choses
qui ne peut durer longtemps.

Un seul, un vétéran des guerres du premier Empire, l'honorable colonel Réguis, a, dans la séance
du 20 décembre 1867, indiqué, par deux phrases,
l'influence que pourront avoir, dans les guerres
futures, la portée et la rapidité nouvelles des armes
à feu.

« Quand la portée du fusil, a-t-il dit, était de 250
» mètres et son tir d'un coup par minute, la course
» d'une colonne d'attaque durait quatre à cinq
» minutes ; — on perdait du monde, mais on arri-
vait.

» Or, maintenant, la portée des armes nouvelles
» est de *mille* mètres et leur tir de sept à huit coups
» par minute ; — il faudra, pendant quinze à vingt
» minutes, essuyer le feu de l'ennemi : — une co-
» lonne d'attaque serait à peu près détruite avant
» d'arriver sur lui.

Ces paroles *saisissantes* n'ont pas trouvé d'écho ;
personne n'a pensé qu'une question aussi haute
était le préliminaire *indispensable* de l'examen d'une
loi militaire.

Se ruiner sans nécessité absolue et pressante est,
chez un particulier, une évidente stupidité.

Mais, nous sommes *Français !* pouvons-nous rester en rien inférieurs au reste de l'Europe... même
en fait de *stupidité* ?

La loi a donc été votée par une grande majorité
au Corps législatif ; par l'unanimité, moins une voix,
au Sénat.

Résumé sur la toute-puissance des armes. — Toutefois, l'intelligence du grand problème, *la guerre s'en va*, vient de faire bien des progrès par les *récentes* expériences des camps de Châlons, de Saint-Maur, etc.

On ne comprend pas, a dit le 7 juillet un illustre maréchal, comment il pourrait rester un seul être vivant sous le feu d'un bataillon armé du fusil Chassepot, jusqu'à la distance de 1,000 à 1,100 mètres.

Ces paroles, venues de si haut, sont une preuve nouvelle de la grande supériorité de l'arme sur la valeur physique et le nombre des hommes.

L'étrange brièveté de la lutte *austro-prussienne ;* — les garibaldiens, mis à *Mentana* dans une déroute soudaine par une simple avant-garde de trois bataillons français, *dont les fusils Chassepot ont fait merveille* (rapport du général de Failly, *Moniteur,* 10 novembre 1867) : — voilà des exemples, *pris sur le vif,* de ce que peut, indépendamment du nombre et de la qualité des soldats, une grande inégalité dans les armes.

Sont-elles à peu près égales et rapides ? — Les assaillants, *forcés de courir,* n'en peuvent *faire usage* et doivent succomber, quel que soit leur nombre, devant le feu *infernal* (a dit le *Moniteur* 17 mai 1868) des défenseurs.

Le progrès INCESSANT *des armes appelle la circonspection dans les commandes d'un modèle déterminé.* — Le fusil Chassepot fait merveille ; — mais il n'est pas le dernier mot de l'industrie. — *Six cents* modèles perfectionnés sont présentés ; l'Exposition universelle en a montré plusieurs très-supérieurs comme rapidité.

Tout grand progrès en ce genre (et qui pourrait nier le progrès ?) sera nécessairement très-favorable à la défense, par cette simple raison que celui qui veut vaincre, doit attaquer, courir, et *ne peut tirer.*

Il y a là un motif pour ne pas pousser *outre mesure* la fabrication des fusils Chassepot. — Les lourdes dépenses qu'elle occasionne, pourraient se trouver perdues, s'il surgit, comme on peut s'y attendre, une nouvelle arme ayant des avantages, *très-supérieurs.*

Inutilité des armées nombreuses. — Impossibilité du succès des invasions.

L'Europe se ruine en armements, a dit un éminent ministre.

Le fardeau des armées nombreuses s'accroît énormément par le trouble profond, qu'elles jettent dans les affaires publiques, internationales et *surtout privées.*

S'il est vrai, comme je crois l'avoir *démontré sans réplique,* que la *défense ait pris une énorme supériorité sur l'attaque.* A quoi peuvent servir les grandes armées ? — Elles ne sont plus qu'un objet de luxe et de vanité. — Elles entretiennent chez *les peuples,* qui se *ruinent* pour elles, des sentiments de défiance, de haine, — et chez les *souverains*, les illusions, les *exagérations* du pouvoir.

On évoque en leur faveur, le fantôme de l'invasion et les nécessités de la défense nationale.

Mais la longue portée, la rapidité, la précision des armes nouvelles ont rendu impossible toute guerre d'invasion. — S'il est un fait acquis par toutes les expériences des camps de Châlons, Saint-Maur, etc., c'est assurément que des corps belligérants ne peuvent plus se présenter en ligne et par masses : « *ils s'extermineraient mutuellement* » a dit un rédacteur fort compétent du *Moniteur*.

Donc la guerre, en la supposant encore possible, se composera presqu'entièrement de combats de tirailleurs.

Or, toute armée envahissante est dans la nécessité de cheminer par corps sur les routes, afin de garder les longues files d'artillerie et de bagages qu'elle traîne à sa suite. — Les tirailleurs, — des paysans que la guerre désole et rend énergiques, *comme on l'a vu en Champagne, en Lorraine*, etc., s'embusqueront à mille mètres et même à deux mille, s'ils ont la lunette sur le canon de leurs fusils ; — ils fusilleront à l'aise les hommes et les chevaux, sans qu'on puisse seulement à cette distance apprécier d'où viennent les balles : — Chacun d'eux en lancera huit *par minute* maintenant, mais bientôt *cent*, quand il aura le fusil *Jarre* ou tout autre analogue choisi parmi les *six cents* nouveaux modèles présentés au ministre de la guerre

On dira : Mais les envahisseurs se couvriront par des *nuées* de tirailleurs *semblables!*

Cette similitude est impossible : — l'étranger ne connaît ni les abris, ni les refuges, ni les ressources ; — il ne peut s'écarter beaucoup du corps dont il dépend, car il lui faut vivre d'abord ; il ne veut pas risquer de s'égarer.

L'indigène a pour base le pays tout entier : il sait où il trouvera protection, abri, nourriture ; — il est donc *bien supérieur* au tirailleur ennemi.

Défense nationale. — Organisation. — D'après ces faits, la défense nationale peut être organisée simplement et sans lourdes charges pour les peuples (1).

La vulgarisation à bref délai des armes modernes en est le *pivot*.

Le *moyen* serait l'établissement dans chaque commune d'un tir local, où le dimanche, viendraient s'exercer pendant deux heures les habitants excités par l'appât de quelques prix, et surtout par un sentiment de vanité naturelle.

Ce genre de récréation, auquel prennent part les

(1) Un ouvrage intéressant de M. le *comte de Dreuille,* qui fait partie de la *Bibliothèque de la Paix,* a pour but la défense nationale et, pour base la grande transformation des armes de guerre, dont j'avais signalé les conséquences dans ma première brochure : *Actualités,* mai 1867, et même dans ma note *manuscrite* du 20 juillet 1866.

Mes idées diffèrent de celles de M. le *comte de Dreuille,* et je crois utile de les publier.

familles, est habituel en Suisse, en Allemagne et
même dans *nos Vosges*, où se sont formées des compagnies de *francs-tireurs*. — Les volontaires anglais
sont une large application de ces compagnies.

Un ou deux fusils modernes, remis à chaque
maire pour cet usage, et passant de main en main
suffiront d'abord pour les *vulgariser*. — Les chasseurs, les paysans aisés en auront bientôt pour leur
usage personnel ; or, l'emploi continuel à la chasse
des armes *rapides* rendra familier à tout le monde
celui des fusils de guerre.

Tout homme valide, familiarisé avec une pareille
arme, saura bientôt qu'elle lui permet, surtout s'il
est abrité, de mettre hors de combat vingt, trente
ennemis avant de pouvoir être atteint par eux. —
La confiance donne ou fortifie le courage et prévient
la panique.

Quant aux manœuvres d'ensemble, par bataillons ou régiments, elles ont perdu toute valeur
maintenant que les armées ne peuvent plus se présenter en ligne sans se faire *exterminer ;* — la guerre,
si guerre il y a, va se réduire à des combats de tirailleurs, pour lesquels les paysans, une fois habi-
tués aux armes rapides, seront particulièrement
propres, surtout dans leur contrée.

Il serait donc fort inutile de leur imposer des
pertes de temps et d'argent considérables, pour les
faire venir au chef-lieu de canton en vue de manœuvres, qu'ils ne sauront jamais bien, et dont ils
n'ont aucun besoin.

Armée régulière. — Une armée régulière est tellement entrée dans les habitudes des peuples et dans l'esprit des gouvernements, qu'on ne peut penser à la supprimer.

Elle a, d'ailleurs, une utilité qu'il faut reconnaître : — celle de former un noyau *toujours prêt,* autour duquel viendront se grouper les vrais amis de l'ordre et de la paix ; soit qu'il s'agisse de quelques attaques tumultueuses, comme il s'en fait parfois à la frontière ; soit de celles bien plus graves, qui peuvent surgir à l'intérieur.

Une base *tout organisée, immédiatement disponible,* et par cela même puissante contre le désordre, est nécessaire aux bons citoyens, pour leur donner le temps de se réunir, de se compter, de réfléchir ; et enfin, pour les mettre à l'abri de la panique et de ces fatales surprises, dont il y a tant d'exemples.

Cette base, *toujours prête,* serait répartie sur le territoire par fractions, que la puissance de l'arme rendrait imposantes : — les soldats, auxquels se réuniront les bons citoyens, ne craindront pas la foule agitée, remuante, faisant souvent plus de bruit que de mal ; ils sauront qu'ils peuvent la dissiper facilement, à la dernière extrémité, en y semant la panique, si prompte à se développer dans les masses.

Une armée permanente, instituée dans le but qui vient d'être indiqué, n'aurait aucun besoin d'être nombreuse. — Elle le serait d'autant moins que le pays tout entier sera mieux préparé à la défense, rendue facile d'ailleurs par la grande supériorité des armes actuelles sur le nombre des assaillants.

Alors on trouvera dans tous les pays assez d'hommes portés par inclination au métier de soldat : on en formera une armée d'engagés volontaires, comme celle des Anglais, qui n'est inférieure à aucune autre.

Alors la conscription disparaîtra ; alors, chaque homme jeune rentrera en possession de ce droit naturel de disposer de lui, sans voir d'avance son avenir, sa carrière de travail ou d'études, brisés par cette fatale servitude de la profession militaire, qui lui est imposée pour les *neuf* meilleures années de sa vie ; — alors, aussi disparaîtront ces régimes militaires, absolus, sous lesquels gémissent la plupart des nations.

Préjugés belliqueux les plus tenaces de tous.

Ma conscience d'homme et de citoyen me pousse à poursuivre la solution de ce grand problème : *la guerre s'en va ;* — j'applique toutes les forces de mon esprit, bien insuffisantes sans doute, à la *démonstration rigoureuse* des bases de cette solution.

Mais des préjugés archi-séculaires lui donnent une telle apparence d'étrangeté, qu'elle ne rencontre pas d'écho, même pour la combattre.

On la comprend cependant; on ne peut la réfuter. — Mais les écrivains, ayant quelque réputation, craignent de lancer dans le fleuve de la popularité cette grande vérité de l'impossibilité *actuelle* de la guerre et, par suite, de la stupidité des dépenses qu'on fait pour s'y préparer.

Ils pourraient, en faisant vibrer dans les cœurs les sentiments humanitaires, prévenir cette douloureuse expérience des champs de bataille, que chacun redoute, et qui sera certainement la dernière, si jamais elle a lieu.

Ils préfèrent *l'attendre,* afin de pouvoir écrire *à coup sûr;* ils ne comprennent pas que cette *attente* ruine toutes les nations; — qu'elle peut se prolonger indéfiniment, car notre ministre de la guerre a dit de la *paix armée:* « J'espère qu'elle durera longtemps. » (Séance du 7 juillet 1867); — Que les souverains eux-mêmes redoutent de compromettre *leur prestige* par une attaque, dont les expériences, qu'ils font faire chaque jour, leur démontrent tous les dangers; — qu'ils sont réduits, pour *agir sur l'esprit des peuples.* à des *rodomontades,* dont ils connaissent eux-mêmes l'impuissance, et qu'il leur faut ensuite désavouer. (DISCOURS DE KIEL, *expliqué* ou *désavoué,* dans ses allusions belliqueuses, par le discours de HAMBOURG, etc. — *Moniteur* du 23 septembre 1868, etc., etc.)

Enfin, une faible réaction commence et mes efforts ne seront pas toujours : *vox clamantis in deserto.*

Depuis l'origine du monde la force brutale est la loi suprême, *ultima ratio regum;* — la civilisation a fait naître le *droit,* qui tend à opposer à la force un frein, hélas, trop impuissant; — elle a produit le perfectionnement des armes, qui a la même tendance.

Grâce à celui-ci, la guerre est devenue moins féroce, elle n'entraîne plus, en masse, les populations dont *plusieurs ont disparu;* — la victoire n'est plus l'extermination générale.

Mais l'entendement humain se trouve profondément oblitéré par les préjugés militaires; — ils ont fractionné la fraternité universelle, qui était l'œuvre de la création, en fraternités de peuples, puis de castes, puis de métiers; — ils ont créé l'esprit national, les rivalités et les haines qui en sont les conséquences; — ils ont, *par ces vieilles rengaines,* dont tous les peuples sont *bercés,* comme *la victoire, la gloire, les guerriers, les lauriers,* poussé les hommes à mettre au rang des demi-dieux, tout au moins des grands génies, ceux d'entr'eux qui avaient le mieux et le plus largement réussi à leur faire *rompre les os.*

A notre époque encore, les personnages les plus éminents ont usé leur vie à des combinaisons politiques ou stratégiques; — car les deux prétendues sciences se touchent; pourraient-ils donner un démenti à leur passé, arracher eux-mêmes le plus beau fleuron de leur couronne d'illustration, en acceptant ce grand axiome : *la guerre s'en va* (1)?

(1) Le grand principe de la politique et de la diplomatie est

Périssent les nations plutôt que les principes!

Ruinons-nous, comme fait le reste de l'Europe:
— Arrachons à l'agriculture, au commerce et à l'industrie douze cent vingt mille hommes, pris parmi les plus jeunes et les plus robustes ; accélérons ainsi la dégénérescence déjà constatée, par l'abais-

la conservation de l'*équilibre européen*, grand mot vide de sens, motif hypocrite des plus grandes guerres, tonneau perpétuel des Danaïdes imposé aux peuples.

Quelle est l'expression de cet équilibre prétendu ?

C'est le nombre des soldats que chaque pays peut mettre en ligne en égard à sa population : c'est l'alliance des plus faibles pour contrebalancer les plus forts.

Eh bien, si, par une entente commune, tous les peuples lèvent un homme sur cent pour former leurs contingents armés, l'équilibre existe.

S'ils en lèvent un sur dix, l'équilibre subsiste encore.

S'ils vont jusqu'à *un* sur *quatre*, comme une récente loi l'a décidé, encore l'équilibre

Où donc se trouve la différence, a dit un homme *éminent* entre tous, *Richard Cobden* ?

Oh ! certes elle se trouve dans les *poches* du contribuable qu'il faut retourner sans cesse pour subvenir à l'entretien de ces multitudes armées.

On pourrait ajouter : elle se trouve surtout dans le cœur des mères réduites à élever, nourrir leurs enfants mâles, comme la brebis ses agneaux, pour la boucherie! Elle se trouve dans les affections de la famille et des amis, dans la prospérité agricole, industrielle et commerciale des pays divers, qui ne produisent pas ce qu'ils pourraient et devraient ; elle se trouve dans la dégénérescence physique de l'espèce humaine, puis enfin dans celle des mœurs profondément altérées par cette émigration annuelle et forcée des jeunes gens les plus robustes.

5.

sement de la taille militaire, puis, par le temps
d'arrêt du mouvement de la population.

Mais, au moins, nous aurons donné satisfaction
à la *vanité* nationale, au prestige de l'autorité, par
le spectacle de l'armée la plus nombreuse et la plus
brillante de l'Europe. — Nous serons fiers d'être
Français !

Réaction par les nécessités financières. — Il est vrai
que *cela ne peut durer longtemps*, — c'est un ministre qui l'a dit : — et, déjà, à peine la loi sur l'organisation de l'armée était-elle votée, que la commission du budget, soucieuse des charges qu'une
pareille loi fait peser sur le pays, proposait, pour
les alléger un peu, divers amendements, chaude-
ment combattus par le ministre, et dont l'un cependant a été adopté. (*Moniteur*, séance du 7 juillet.)

Celui-ci augmente, en temps de paix, de 7,500
le nombre des congés, et produira l'économie d'un
million. — Mais le ministre a déclaré que les *nécessités du budget* l'avaient déjà contraint à renvoyer
dans leurs foyers *quatre-vingt mille* soldats, les
uns pour six, les autres pour neuf mois, — l'économie de 11 à 12 millions, donnée par ce renvoi,
sera reportée sur d'autres chapitres, *puisque ceux-ci
ne sont plus votés séparément.*

En proposant d'augmenter un peu le nombre
des congés, la commission du budget a eu la bonne
pensée d'alléger d'autant la rigueur des *neuf années*
de service et de restituer à l'agriculture et à l'industrie 7,500 hommes de plus.

Malheureusement, la vie des camps fait perdre promptement l'habitude et le goût du travail: — il est à craindre que la plupart de ces jeunes gens, infatués de l'uniforme, revenus pour un temps limité dans leurs familles, ne soient pour elles une charge plutôt qu'un profit, et pour leurs villages une occasion de désordres.

Ces 87,500 hommes, renvoyés temporairement seront pour le pays d'une faible utilité.

Garde nationale mobile. — La condition des 500,000 gardes mobiles sera plus douce; ils seront seulement obligés, indépendamment des exercices locaux, à se réunir quinze fois par an au chef-lieu de canton, pour des manœuvres de bataillon et les inspections générales qui surviendront.

En supposant que le jour de la réunion soit toujours un dimanche, ce qui n'est guère possible pour les inspections, un jeune homme, harassé par une longue course et par des exercices, ne pourra reprendre son travail le lundi: il perdra donc au moins cinq francs pour sa journée, pour ses frais de voyage, d'auberge ou de cabaret; soit pour l'année et quinze réunions, soixante-quinze francs.

Cela fait une perte sèche de *trente-sept millions et demi*, par an et pour les cinq cent mille hommes de la garde nationale mobile.

Cette perte *ne figure pas au budget;* mais elle a son influence sur la situation des classes laborieuses et il est utile de la signaler.

RÉCAPITULATION ET CONCLUSION.

Les conséquences de la loi sur l'organisation de l'armée sont :

1,220,000 hommes sous les armes ; soit environ le quart de la population mâle, jeune et valide ;

Abaissement de la race, et du mouvement de la population ;

Appauvrissement de l'agriculture, de l'industrie, du commerce ;

Impôts très-lourds et dépenses particulières, pesant sur la nation appauvrie.

« L'Europe se ruine en armements : je crois que » *cela ne peut durer longtemps* » a dit S. Exc. le ministre de la guerre à la séance du 31 décembre 1867, et à celle du 8 juillet 1868 le même ministre a dit : « J'espère que la paix *durera longtemps* : je » m'efforce d'organiser une armée coûtant le moins » possible et cependant toujours disponible. »

Ainsi, la France serait condamnée à subir *longtemps encore* toutes les charges de la paix armée, et surtout, ce fantôme de la guerre qui paralyse toutes les affaires publiques, internationales et privées.

Mais la guerre n'est plus possible !

La logique et des expériences nombreuses, décisives, proclament cette vérité.

On peut la vulgariser, *sans dommage pour per-sonne,* par de nouvelles expériences; — elle commence à pénétrer l'esprit des souverains et leur inspire une sage réserve : — ils arriveront bientôt à voir que le moyen le plus certain, de rendre les trônes *inébranlables,* est de mériter la reconnaissance de tous les peuples, en les délivrant du fardeau intolérable de la paix armée.

Quelle gloire pour la France, pour ses traditions initiatrices et humanitaires, si la proposition d'un désarmement général, commencé dans de justes mesures, pouvait émaner de son gouvernement! Quel éclat elle ajouterait au prestige de sa force et de sa grandeur !

Accentuer, accélérer ces tendances à la paix universelle, qui résultent de la haute civilisation de notre siècle, est, pour tous les hommes de cœur et d'intelligence, un devoir impérieux.

C'en est un surtout pour la presse quotidienne, dont la mission principale est la vulgarisation des idées utiles et humanitaires.

Elle manquerait à cette mission, si elle persistait à tenir sous le boisseau de son silence cette grande lumière nouvelle : *la guerre s'en va!*

Se laisser aller nonchalamment à la remorque des événements, quand il est possible de les prévenir, — se complaire aux faits militaires, qui augmentent le nombre des lecteurs, — ajourner le *travail* et la responsabilité d'une opinion jusqu'après la suprême et funeste expérience du champ de bataille, sans souci des *cent mille victimes* qu'elle pourra coûter ;

Tout cela serait, il faut bien le dire, non pas seulement une grande paresse d'esprit, mais encore un insigne égoïsme, une déplorable *insouciance* pour les calamités de *ce peuple*, dont les journaux se *proclament*, chaque jour, les ardents *défenseurs!*

DEUXIÈME PARTIE

Dangers des armes modernes et moyens de les prévenir.

La préface bienveillante placée en tête de mon opuscule (2ᵉ édition), par M. *Frédéric Passy*, a signalé la répugnance d'un *bon nombre de personnes* pour certains arguments dans lesquels elles croient trouver « comme un éloge, une glorification de la moderne puissance de l'art de détruire. »

J'ai à cœur de dissiper des préventions fort respectables, d'ailleurs, en montrant une des faces de la question des armes modernes, que j'avais seulement indiquée.

Ces armes donnent, par leur progrès *incessant*, une *énorme* supériorité à la *défense* sur *l'attaque*; elles garantissent à toujours l'insuccès des invasions prolongées et, par suite, le maintien de la *paix internationale*.

Mais, présentent-elles les mêmes garanties quant à la *paix intérieure*, bien autrement précieuse, pour le bonheur des peuples ?

Voilà, je crois, une haute question : — en la posant, je montre combien je suis éloigné de *glorifier* ce progrès *incessant*, mais *fatal*, car nul ne saurait l'arrêter ; — combien je suis préoccupé du revers de la médaille, du *danger* qui s'attache au *bienfait*.

Dans le cas d'une attaque étrangère, tous les cœurs, toutes les opinions, tous les courages sont fortement unis : la puissance des armes modernes rend invincible cette unanimité.

Mais à l'*intérieur*, quelle diversité dans les esprits ! — Que de vanités individuelles toujours en ébullition ! — Combien d'hommes déclassés, froissés dans leurs ambitions, impatients de toute contrainte, avides de pouvoir, d'argent ou même d'une vaine renommée !

Et c'est à cette foule agitée par tant de passions mauvaises, que les souverains veulent remettre des armes tellement puissantes, qu'elles feront presqu'*une puissance* de chaque individu ! — Ils évoquent le fantôme de l'invasion étrangère pour obtenir de leurs sujets le sacrifice de leurs intérêts, et même de leurs enfants les plus vigoureux.

Cette tendance aux armements universels me paraît une erreur profonde. — Loin d'assurer le maintien de l'ordre et des trônes, elle le compromet au plus haut degré ; — C'est là un fait que proclame l'histoire de toutes les séditions militaires, dont la conséquence a été la chute des rois.

L'esprit humain est enfermé par la Providence dans un cercle infranchissable ; — il peut arriver à de grands résultats, mais ensuite il les vicie par l'abus. — La discussion, *cette source de lumière*, produit, par les vanités individuelles, la controverse, qui éblouit et aveugle ; chacun en abuse et veut s'élever sans cesse ; mais « monté sur le faîte, il ne peut que descendre : — *C'est la loi fatale du Progrès poussé à outrance.*

Ainsi, c'est après les époques de la plus haute civilisation que les grands empires commencent à chanceler, puis s'écroulent. — Les ruines de Babylone, de Ninive, etc., sont le témoignage encore visible de cette vérité. Parmi toutes les splendeurs dont elles portent la trace, apparaît largement celle du luxe militaire. Certes, le nombre des soldats n'a pas manqué à ces empires ; mais loin de les soutenir, il en a précipité la ruine.

De même, l'empire romain était à l'apogée de sa civilisation quand a commencé la décadence : — l'esprit de controverse, cet abus inséparable du développement des idées, avait envahi toutes les classes ; — celle des soldats, qui avait d'ailleurs des armes à l'appui de ses raisonnements, s'est bientôt mise à discuter les empereurs, à les rendre ses tributaires et même ses jouets en les élevant ou les renversant suivant ses caprices.

Toute cette confusion d'opinions, semblable à celle de la tour de Babel, a rompu l'unité de cette immense domination romaine, dont les tronçons divisés n'ont pu résister à l'invasion des barbares, qu'attirait en masse, hommes, femmes et enfants, la *curée* de cette proie splendide.

L'empire d'Orient s'est écroulé plus tard, mais toujours par les mêmes causes ; — l'étendue, les raffinements de l'esprit grec avaient dégénéré en controverses interminables, en divisions, en inimi-

tiés profondes, comme celles, dont on a tant
d'exemples, et qui poussent un parti jusqu'à l'appel
de l'étranger, pour soutenir ses arguments. La nationalité grecque devait succomber.

La *marotte* de cette époque était la *théologie :* —
celle de la nôtre est la *réforme politique,* — et nous y
joignons la manie des armements à outrance.

Est-il possible de porter plus loin l'inconsé-
quence?

Tous les peuples sont en grand progrès libéral ;
le suffrage universel prévaut partout ; et à chaque
main qui tient un bulletin de vote, on va remettre
un fusil !

L'instruction, la connaissance des droits civiques,
la vue des luttes électorales, la lecture des profes-
sions de foi et aussi des journaux, la fréquentation
même des *clubs*, qui est permise ; tout cela trans-
forme la jeunesse actuelle. — Elle voit les ouvriers
émancipés de tout contrôle, par une loi récente, libres de se réunir, de discuter les conditions de
leur travail et même de les imposer en se coalisant :
— et c'est cette jeunesse qui, dans un pays de libre
discussion et préparée à y prendre part, consenti-
rait à subir le joug de l'obéissance passive, pendant
les neuf années où l'effervescence se développe le
plus, quand elle aura, — dans la tête, les *théories*, les
raisonnements, — sous les yeux, l'exemple de coalitions permises, — dans la main, une arme assez
puissante pour faire triompher celles qu'elle pourrait former ! Cela ne me paraît pas possible !

J'applaudis de grand cœur aux efforts faits pour élever le niveau de la race humaine, pour développer en elle l'intelligence, la morale, l'instruction, la conscience de ses devoirs et de ses droits ; — mais je déplore comme un immense contre sens cette manie des grandes armées, qui va faire tourner, au profit des discordes civiles et des révolutions, tout le progrès des instruments de la défense.

La guerre d'invasion, organisée et préparée, n'a aucune chance de succès et me paraît impossible. Mais quelque violente commotion dans un pays limitrophe peut déborder, à la frontière, en attaque insensée : — donc il est bon et utile que chaque nation soit préparée, possède les meilleures armes, soit exercée à leur maniement et prête à se lever pour exterminer les agresseurs.

Mais hors ce cas tout exceptionnel, que la civilisation progressive rend de jour en jour plus improbable, la libre disposition des armes de guerre, maintenant si puissantes, devient un immense danger pour les populations, et même pour les gouvernements.

Ainsi, qu'une province vienne à s'insurger contre le pouvoir central, qu'il surgisse quelque nouvelle *Vendée* fanatisée et d'un accès difficile ; — comment pourra-t-on la réduire, quand elle aura été pourvue abondamment de ces armes, qui donnent à la défense une énorme supériorité sur l'attaque ?

C'est par cette pensée que dans le chapitre relatif à la défense nationale, j'ai indiqué la remise d'un ou deux fusils rapides *seulement* à chaque commune, pour en vulgariser l'usage dans des exercices hebdomadaires de tir, après lesquels ils seraient déposés à la mairie ou au poste de la gendarmerie.

Quant à la masse des armes de guerre qui pourrait être un jour nécessaire dans le cas très-rare, et même très-*improbable*, d'une invasion, elle serait répartie et *conservée* dans les divers postes de l'armée permanente, dont j'ai parlé dans le même chapitre : — ces postes seraient facilement disposés grâce à la grande supériorité de la défense, de façon à devenir *inexpugnables* pour l'émeute.

Si , par impossible , l'un d'eux devait être surpris, les armes qu'il contiendrait seraient hors de service, parce qu'on aurait eu soin de répartir entre plusieurs postes les différentes pièces qui doivent composer l'arme complète.

En résumé, rien n'est bien que ce qui est fait à propos : — il est *bon* que tous les citoyens valides connaissent les armes modernes , sachent s'en servir pour le cas *fort exceptionnel* d'une invasion étrangère ; il est *très dangereux*, hors ce cas, qu'ils en aient la libre disposition. Il faut donc que ces armes , qui constituent d'ailleurs un capital social fort important, soient gardées et *entretenues* dans les divers postes d'une armée *permanente*, qui n'a aucun besoin d'être nombreuse, puisqu'au moment d'un grand danger elle peut s'appuyer sur les citoyens auxquels des armes seraient *régulièrement* distribuées,— qui sera très-forte pour la *défense*, par cette adjonction , mais qui, sans elle, serait impuissante pour toute attaque contre les libertés publiques, puisqu'elle serait disséminée par *fractions*.

Il ne faut pas jouer avec le feu, il faut que les armes aussi bien que la poudre soient *mises à couvert* contre toute tentative désordonnée.

Quand les citoyens n'auront plus constamment des armes de guerre sous les yeux, quand les spectacles militaires, parades, revues, etc., si malheureusement prodigués deviendront rares, les idées belliqueuses ou révolutionnaires qui peuvent fermenter dans quelques têtes, s'apaiseront peu à peu ; chacun dirigera ses pensées vers l'industrie ou le travail, qui fait vivre, et non plus vers ce militarisme qui ruine et fait mourir. Chacun comprendra que, dans un pays de suffrage universel, il exerce sa légitime influence sur la direction des affaires d'intérêt général et même local ; — chacun jugera que le recours à la force brutale serait d'autant plus absurde qu'il est devenu impuissant par la grande supériorité des armes dont disposeront les défenseurs de l'ordre public.

L'apaisement des esprits que je rêve ne me paraît pas une utopie : — déjà, nonobstant toutes les excitations, les idées d'ordre, de liberté sage et de paix semblent prévaloir dans les masses : — les résultats généraux du suffrage universel sont, dans tous les pays, une preuve éclatante de ce fait.

En voyant combien ont été stériles et même pernicieuses les exagérations soit du libéralisme, soit du militarisme, on se demande ce qui adviendrait d'un gouvernement assez sage pour concentrer tout le temps, tous les efforts, toutes les pensées des citoyens sur l'amélioration intellectuelle et matérielle du pays. — Il est évident qu'il serait en peu de temps *inébranlable*, car il aurait pour base le développement du travail, de la tranquillité, de la richesse.

En serait-il de même pour tout autre gouvernement qui prendrait à tâche de diminuer la production, en arrachant chaque année au travail le quart des hommes jeunes et robustes, en tirant de la poche des autres l'argent, *ce nerf de l'industrie*, dont il aurait besoin pour l'armée ; — qui imposerait ainsi à la nation une cause *double* de ruine ?

C'est là une question à laquelle répondent largement, d'une part, les guerres et les révolutions continuelles, dont gémit le continent, depuis trois quarts de siècle ; et, d'un autre côté, la tranquillité relative, la prospérité croissante, la puissance solide et non *éphémère*, comme celle des conquérants, dont jouit l'Angleterre.

En ce pays, les esprits ne sont pas faussés, pervertis par l'éducation, par le spectacle continuel des armes et des exercices militaires. — Le temps est trop précieux *(time is money)* pour aller le gaspiller dans les armées ; — celle des Anglais, qui certes en vaut une autre, est peu nombreuse relativement

et ne se compose que de volontaires. Pour cette nation fière de sa prospérité croissante et incontestée,
la monarchie est un drapeau, que tous ont intérêt
à soutenir, car il maintient haut et ferme les droits
de chacun et il n'expose au contrôle sévère de l'oppo-
sition que des ministres responsables. — *Le roi
règne et ne gouverne pas:* voilà sa devise, voilà sa
force : voilà le secret de sa tranquillité, de sa prospérité !

L'Angleterre a eu jadis ses révolutions, mais un
changement heureux de dynastie est venu fortifier
et développer l'action du régime parlementaire ; la
stabilité s'est faite et sa durée actuelle est un gage
pour l'avenir.

Cette longue ère de calme et de prospérité paraît
être pour le peuple anglais, la conséquence de sa
position insulaire : — garanti de la contagion des
excès belliqueux ou révolutionnaires, il a pu con-
sacrer toute son énergie au développement grandiose de son agriculture, de son commerce et de
son industrie : — il a fait appel à l'intelligence de
tous, à la discussion la plus libre et la plus large
pour le succès de ses immenses affaires publiques
et privées ; il a compris que les vanités militaires,
que le maniement continuel des armes étaient un
grave danger pour la paix intérieure : — Il a donc réduit tout cela au strict nécessaire et, s'il a pris parfois une part imposante et digne aux grandes guerres du continent, il a eu soin de n'y engager qu'un
faible contingent, composé de volontaires et d'étran-

gers; — il a laissé au travail tous ceux qui l'aiment et qui, librés des entraves méticuleuses qu'on trouve ailleurs, ont pu l'élever, par leur constance et leur génie, à un degré de perfection que les autres peuples s'efforcent d'imiter.

Mais si ces peuples ont été retardés par les complications incessantes de la politique et des guerres internationales, ils vont voir s'ouvrir pour eux une grande ère de calme et de prospérité, par l'énorme supériorité que la défense a prise sur l'attaque. — Les armes modernes vont leur donner des frontières aussi infranchissables que pourrait l'être un rempart naturel, comme un bras de mer.

Toute la question pour eux, *mais elle est grave*, sera de régler sagement l'emploi de ces armes, de façon à en prévenir l'abus. Quand les appréhensions continuelles, le *cauchemar* de la guerre auront disparu, les citoyens pourront reporter toute leur énergie sur les moyens de faire fructifier, beaucoup plus que leurs devanciers, le sol, le commerce et l'industrie. — Ils ne voudront pas rester inférieurs à l'opulente Angleterre, qui produit en toutes choses, *même en population*, plus que tout autre pays, proportions gardées.

Récapitulation et conclusion.

La guerre régulière, entre les peuples civilisés au même degré, devient impossible, — donc les grandes armées qui ruinent, sont inutiles.

Leur maintien, sous le nom de paix armée, constitue une *puissance anormale* et fort dangereuse ; soit pour la liberté publique — soit pour le pouvoir lui-même, — *donc il faut les supprimer.*

Des attaques subites et désordonnées peuvent surgir soit à la frontière, soit à l'intérieur : — sans une répression *immédiate*, elles deviennent *invasions* ou *révolutions*.

Donc, il faut un noyau de défense *toujours prêt,* qui prévienne des surprises fatales, qui donne aux bons citoyens le temps de se réunir, de réfléchir et de se compter ; — donc il faut une armée *permanente*, peu nombreuse, répartie sur le territoire par fractions *puissantes* par les armes et par l'adjonction des citoyens ; — *impuissantes* sans leur concours.

Toute invasion étrangère et organisée est devenue impossible par la puissance des armes modernes, mais seulement par elles.

Donc il faut avoir des armes et des meilleures, et en suffisante quantité, pour tous les citoyens valides : — donc il faut que ceux-ci aient appris à les connaître et à s'en servir.

Des exercices de tir locaux et hebdomadaires peuvent donner cette connaissance, sans frais et sans dérangements : un ou deux fusils, passant de main en main, peuvent suffire pour chaque commune ; après le tir ils seront remis au maire ou au poste de la gendarmerie, qui en prendront soin.

Dans le cas d'une invasion étrangère, que le pro-

6

grès des idées et surtout des armes rend chaque
jour plus improbable, tous les citoyens doivent
être armés et payer de leur personne.

Hors ce cas *très-exceptionnel*, les armes, laissées à
la disposition de tous, seraient un danger immense
et permanent pour la paix publique.

Dans un pays de libre discussion, de libres réunions et coalitions, et même de *clubs* populaires libres, il ne faut à chaque citoyen d'autre moyen
d'action qu'un bulletin de vote.

Donc toutes les armes qui peuvent être nécessaires pour le cas très-improbable d'une défense légitime, doivent être soigneusement soustraites à
l'abus qu'en pourraient faire des passions exaltées
et par conséquent aveugles.

Il ne faut pas jouer avec le feu.

Donc ces armes doivent rester confiées à la garde
et aux soins d'entretien de l'armée permanente, —
réparties entre ses postes divers, qui seront inexpugnables pour l'émeute, — puis enfin divisées par
pièces, de façon qu'un poste surpris par accident, ne
livrât que des armes hors d'état de servir, parce
qu'elles seraient *incomplètes.*

Les éléments de la défense nationale étant ainsi
mis en sûreté, les souverains n'en pourront faire
abus, car l'armée permanente, qui en sera déposi-
taire, deviendra *nationale*, par son éducation première et *par habitude*, quand elle sera fractionnée au
milieu des populations. — Elle serait le complément
de notre *excellente gendarmerie.*

D'ailleurs, les constitutions sont faites pour opposer un frein aux illusions, aux exagérations de vanité, aux *vertiges* enfin, que la hauteur d'un trône donne aux hommes appelés à y monter.

Mais n'oublions pas qu'elles sont faites aussi pour parer aux excès de ceux qui ont reçu mission de contrôler le pouvoir, et que des idées généreuses, mais ardentes,— que, parfois, des ambitions cachées et surtout la soif de la popularité, poussent à dépasser les limites de ce qui est sage et utile.

Les élus du peuple sont assurément probes et honnêtes ; — mais quand la passion politique les égare, leurs vanités deviennent féroces : — ainsi la tribune, ce *symbole de la discussion libre*, a vu de fougueux orateurs, cruellement blessés par des contradictions vigoureuses, en poursuivre les auteurs comme des ennemis mortels, à outrance, — jusqu'à l'exil, jusqu'à l'*échafaud !*

Le pouvoir (la popularité est un pouvoir aussi) en quelques mains qu'il soit, *princières* ou *démocratiques*, surexcite les passions par la vanité : — il éblouit, il aveugle, il pousse à la violence et à tous ses excès ; — tous les hommes obéissent à cette pente fatale ; bien peu sont assez sages pour y résister.

L'intérêt général est de maintenir, le mieux possible, l'équilibre entre la puissance et la résistance ; — il a créé les constitutions.

Le devoir de tous est de maintenir celles-ci,

mais avec une indulgence réciproque, quand elles ne sont pas absolument compromises.

Supportons-nous les uns les autres ;

Puisque l'infirmité humaine ne nous permet pas d'atteindre à la perfection du précepte divin.

B.

NOTE A

FORTIFICATION AMBULANTE

Quelques détails sur la *fortification ambulante* paraissent nécessaires , particulièrement pour ceux des lecteurs qui ne connaîtraient pas la brochure : *Actualités militaires.*

J'insiste sur les avantages de ce moyen décisif par conviction et non par esprit de système ou de parti pris, car j'avais précisément en vue la guerre d'*agression*, quand, dans ma note manuscrite du 20 juillet 1866, j'ai proposé la *fortification ambulante.*

Je pensais alors que la France pouvait lancer de l'autre côté du Rhin cent mille hommes qui seraient accueillis comme des libérateurs par l'Allemagne méridionale et marcheraient, avec son concours, droit sur Berlin, pendant que les forces prussiennes étaient éloignées et aux prises avec celles de l'Autriche : — j'avais voulu donner un moyen simple, efficace et surtout *immédiat*, de parer à l'infériorité connue de notre armement.

J'ai dit, page 13 *des Actualités*, que la *fortification*

6.

ambulante serait toujours beaucoup plus avanta-
geuse pour la *défense* que pour *l'attaque.*

L'*Exposition universelle* a fortifié cette opinion en
montrant des types bien supérieurs, comme rapidité, au fusil *Chassepot,* — celui-ci tire régulièrement huit coups par minute; — il en peut tirer dix-
sept, si la *charge est précipitée* (*Moniteur du soir,* 2
mars 1867).

Or, si la précision est utile à distance, elle est superflue contre une attaque, qui doit arriver à *bout
portant.* Il faut, en définitive, que l'assaillant, fût-il
protégé par les matelas, les jette à terre et se décou-
vre pour affronter des fusils dont chacun pourra
lancer plus de cent balles par minute, comme le
fusil Jarre ou tout autre des six cents modèles perfectionnés et présentés au ministre de la guerre.

L'attaque, même protégée par la *fortification ambulante,* n'a donc plus que des chances très-faibles
de succès.

D'après cela les armées, constituées pour l'agression, disparaîtront bientôt, je l'espère; mais celles
organisées pour la défense de l'ordre, ont leur raison
d'être, et la recherche du meilleur moyen de les abriter contre les intempéries et aussi contre les balles,
doit appeler l'attention.

C'est dans ce double but que la présente note est
conçue.

Je rappellerai d'abord, d'après les *Actualités militaires,* l'application des matelas ordinaires pour
abriter les fantassins contre le feu de l'ennemi; j'ai

pris pour exemple une compagnie d'infanterie composée moyennement de 90 hommes, lesquels, mis sur trois rangs, présentent un front long de 22 m. 50, à raison de 0 m. 75 par homme.

On peut couvrir, à peu près, ce front avec onze matelas longs de deux mètres chacun, hauts de 1 m. 20 et suspendus par le bord latéral à onze tringles horizontales en fer.

Les tringles auraient à chaque extrémité un anneau, par lequel elles seraient accrochées à des jalons en fer fichés dans le sol (1).

Derrière cet abri, dont la ligne horizontale guiderait le tir, les soldats feraient feu avec le calme et le soin que donne la confiance.

— Faut-il se porter en avant : — en un clin d'œil les jalons sont arrachés, chaque matelas, pesant 10 kil. (poids réglementaire), est porté à l'épaule par deux soldats, qu'il couvre, ainsi que leurs camarades placés derrière ; — le *rempart marche ;* — on le jette à terre en abordant l'ennemi, *dont le feu a été paralysé en grande partie,* etc.

Une ligne double de matelas, espacés d'un mètre, arrêterait probablement le boulet, ou du moins en

(1) Les tringles et jalons en fer paraîtront peut-être incommodes et susceptibles d'être égarées en route. — On pourra les remplacer par de simples *courroies,* liant les matelas l'un à l'autre et passant sur l'épaule du porteur placé entre deux.

Pendant les haltes, chaque courroie serait soutenue par trois fusils liés en faisceaux. — On diminuerait ainsi le nombre des porteurs.

atténuerait l'effet, qui serait souvent réduit à une *bousculade*, bientôt réparée.

Vingt-deux hommes, sur quatre-vingt-dix, suffiraient pour porter les matelas, même en ligne double, et cet office ne les empêcherait pas de tirer comme les autres soldats, pendant les *haltes*, qui sont en général fréquentes.

La ligne de matelas serait facilement portée sur le côté, *front, flanc, arrière*, qui aurait besoin d'être protégé : enfin, un régiment *entier*, qui se trouverait exposé au feu d'une batterie d'artillerie, pourrait promptement se mettre à l'abri en réunissant tous ses matelas, pour en former un *épaulement.*

— Ainsi, le matelas, élément *tout prêt* et portatif de la *fortification ambulante*, peut à *lui seul* couvrir trois ou quatre tirailleurs : — réuni à beaucoup d'autres, il peut très-promptement élever un rempart contre l'artillerie ; — ce rempart, dès qu'il n'est plus utile, peut être enlevé immédiatement en faisant passer de main en main les matelas, que chaque compagnie d'infanterie reprend et emporte.

Ce système est applicable à toutes les combinaisons stratégiques du champ de bataille : — une aile manque de point d'appui naturel ; — vite on lui en improvise un par une redoute, dans laquelle on fait entrer du canon et que la rapidité du tir actuel rendrait presque inexpugnable.

Dans les *Actualités militaires,* alors que le temps d'agir était passé, j'ai dit comment on pouvait éviter les embarras et l'encombrement du transport des matelas, en remplaçant ceux-ci par des simples toiles ou même des filets, qui seraient garnis, aux approches du champ de bataille, avec des plantes *souples,* des feuilles d'arbre, etc.

La résistance à la balle d'un matelas et même d'une simple couverture en laine, portée flottante, est bien connue : mais le progrès des armes à feu, sous le rapport de l'énergie de projection, peut rendre nécessaires de nouvelles expériences.

S'il en résultait qu'une toile flottante, portée en double, comme une enveloppe de matelas à parois écartées, suffit pour arrêter les balles, le garnissage en plantes souples deviendrait superflu, sauf le cas où l'on aurait besoin de réunir les matelas, pour en former un épaulement contre le canon.

On comprend quel transport en campagne de simples toiles et de jalons en fer, répartis entre les soldats, serait bien peu embarrassant; mais il est un moyen de réduire à *rien* comparativement, cet embarras, en utilisant les toiles préparées pour la *fortification, à couvrir les soldats contre les intempéries.*

On a, depuis quelques années, donné à chaque fantassin une *tente-abri,* qui fait partie de son fourniment; — elle le couvre bien, mais seulement quand est couché.

Une autre tente, plus ample, pouvant, par exemple, couvrir quatre soldats, peserait et coûterait *moins* que quatre *tentes-abris :* — portée, au moyen de deux jalons, en marche et par mauvais temps, elle abriterait mieux les quatre hommes avec leurs armes : — pendant une halte ils pourraient se tenir assis dessous : — enfin, s'il faut y dormir, ils souffriraient moins du froid, que s'ils étaient isolés.

Devant l'ennemi, cette tente ou toile à matelas. donnerait immédiatement un abri contre les balles,

Il y a là, je crois, quelque chose à faire, et, d'abord, à méditer.   B.

ABBEVILLE. — IMP. BRIEZ, C. PAILLART ET RETAUX.

La Ligue internationale de la **Paix** a pour but ex-
lusif la propagation des idées indiquées dans sa déclaration
récédemment publiée. (*V. au verso du titre*).

Sa durée est indéfinie.

Elle admet dans son sein, *sans distinction de race, de couleur
u de sexe, sans exception de parti ou de religion*, toutes per-
onnes qui acceptent son programme et se sentent disposées
en seconder la réalisation,

La Ligue se compose : 1° de *Fondateurs* ; 2° de *Sociétaires* ;
d'*Adhérents*.

Le titre de Fondateurs est acquis aux membres actuels du
omité et à tous ceux qui dans le cours de la présente année
iront versé une somme une fois payée de CENT FRANCS au
oins.

Les Sociétaires doivent une cotisation annuelle de CINQ
ANCS. Cette cotisation n'est plus exigible si, avant l'ouver-
re d'une année nouvelle, le Sociétaire a déclaré renoncer à
e titre.

Les adhérents ne sont astreints à aucune obligation. Ils
nnent, avec leurs noms, leur concours à l'œuvre commune,
ns la mesure de leurs forces ; et la soutiennent, s'ils le
gent à propos, par leurs offrandes. Tous les dons volontaires
squ'aux plus minimes, sont reçus avec une égale recon-
issance, et inscrits sur la liste générale des Membres.

Les Sociétaires et Fondateurs ont droit :

1° A un compte rendu annuel de la situation financière et
orale de la Ligue. — 2° A toutes les publications faites par elle
en son nom. — 3° A une carte d'admission aux assemblées
nérales, conférences, lectures ou réunions organisées par la
gue. Ils sont appelés à élire le Conseil d'Administration cen-
al et convoqués spécialement à cet effet chaque année.

La Ligue est représentée et administrée par un Conseil supé-
ur ou *Comité international*, siégeant quant à présent à
ris ; et par des *Comités nationaux*, formés sous les mêmes
pirations que le Comité central, dans les diverses contrées
l'Europe. Le Comité international est élu, à la majorité
s suffrages exprimés, par les Sociétaires. Il désigne lui-
me son bureau et fait son règlement intérieur. Cette élec-
n a lieu, chaque année vers le 30 mai, date anniversaire
la déclaration collective qui a constitué la Ligue.